Le carnet de Saskia

Le carnet de Saskia

Saskia Thuot

© 2016 Les Éditions Caractère Inc.
Révision linguistique : Cynthia Cloutier-Marenger
Correction d'épreuves : Maryse Froment-Lebeau
Conception graphique et infographie : Julie Deschênes
Conception de la couverture : Geneviève Laforest

5800, rue Saint-Denis, bureau 900
Montréal (Québec) H2S 3L5 Canada
Téléphone : 514 273-1066
Télécopieur : 514 276-0324 ou 1 800 814-0324
caractere@tc.tc

Sources iconographiques

COUVERTURE

Photos : Benoît Desjardins

Illustrations : Shutterstock

INTÉRIEUR

Photos : p. 9, 17, 51, 62, 66, 223, 237 et 253 : Benoît Desjardins ; **p. 19 et 256 (au centre) :** Louis-Philippe Dion ; **p. 39 :** Pierre Manning/ShootStudio.ca/Campagne de Rythme FM 105,7 ; **p. 256 (en bas à gauche) :** Céline Gosselin ; **autres photos :** archives personnelles de Saskia Thuot.

Illustrations : p.32 et 114 : Simone Fortin ; **autres illustrations :** Shutterstock.

ISBN 978-2-89742-096-3
Dépôt légal : 1er trimestre 2016
Bibliothèque et Archives nationales du Québec
Bibliothèque et Archives Canada

Imprimé au Canada

1 2 3 4 5 M 20 19 18 17 16

Gouvernement du Québec – Programme de crédit d'impôt pour l'édition de livres – Gestion SODEC.

Ce projet est financé en partie par le gouvernement du Canada

SASKIA THUOT

LE CARNET DE Saskia

Petits et grands *bonheurs* de tous les jours

À mes enfants,
mes amours,
mon équilibre,
Laurence et Simone.

Table des matières

Introduction

Bonjour !

Bienvenue dans mon monde !

Un monde sûrement bien près du vôtre. Installez-vous confortablement. J'espère que vous passerez un bon moment en ma compagnie.

J'ai mis du temps à écrire cette portion du livre, pourtant si importante, puisque c'est avec elle que tout débute. J'ai finalement travaillé à l'envers : j'avais envie de terminer mon livre avant de l'introduire.

Ce projet d'écriture m'habite depuis plusieurs mois, voire plusieurs années. Je désirais partager avec vous des morceaux de ma vie, des morceaux de moi-même. Ce livre vous invite donc à entrer dans mon intimité : j'y ai mis tout mon cœur, sans filtre, avec spontanéité, vérité et amour. Une façon de vous remercier de la chance que j'ai, dans mon métier, d'être près de vous. Le contact humain quotidien qu'on a développé grâce à la télé, et plus récemment la radio, m'est très cher. Vous êtes une source d'inspiration extraordinaire et inépuisable.

Ce carnet est un éloge de la vie, de ma famille, de mes amours. Il parle d'amour, oui, mais aussi d'amitié, de travail, d'histoires de femmes, de différents sujets qui me touchent et qui font partie du quotidien. La Saskia des médias « existe » depuis 20 ans, mais les années que j'ai vécues avant d'entrer dans vos vies sont riches aussi. L'enfance façonne l'adulte qu'on devient. On fera donc ensemble un tour dans mes souvenirs. Retour aux années 70… Et même plus !

Quand je m'investis dans un projet, je m'y plonge entièrement : je n'aime pas faire les choses à moitié.

Mais parfois, ça me joue des tours. Écrire un livre à travers une vie bien chargée de maman et de femme n'est pas une mince affaire. J'ai l'habitude de rédiger de courts textes de blogue, mais me lancer dans un projet de cette envergure, c'était complètement différent.

J'avais estimé qu'il ne me faudrait que quelques mois pour écrire mon livre. Sauf que je suis entrée dans une période de tournage intense, pendant laquelle je consacrais parfois six jours par semaine au boulot. Mes temps libres, je les passais avec mes enfants, ma fille Simone et mon fils Laurence. Entre la famille et le travail, quand j'arrivais à m'installer devant mon ordi pour écrire, je souffrais du syndrome de la page blanche.

Pschitt… plus rien.

Je n'aime pas me désespérer, je n'aime pas abandonner, mais je devais me rendre à l'évidence : écrire un livre personnel demande une grande ouverture, une bonne disposition d'esprit. Quand une belle idée me venait, je n'avais pas mon ordi à portée de main, ni de crayons. Sinon, dès que je tapais une phrase, je cherchais à l'améliorer, je soupesais une anecdote par rapport à une autre… Rien pour avancer.

Plusieurs fois, je me suis installée pour travailler à mon manuscrit, avec peu de succès. Je voyais la date de tombée arriver et j'ai dû me l'admettre : je frappais un mur, je n'y arriverais pas. J'avais beau ressasser mes idées dans ma tête, avec mon horaire, l'écriture était impossible. En plus, je souhaitais écrire un livre dont je serais fière, un livre que vous auriez du plaisir à lire et dont vous aimeriez parler à votre entourage. Un livre qui ferait sourire, réfléchir, qui ferait vivre de belles émotions.

Pour ça, j'avais besoin de temps…

C'est avec beaucoup d'humilité et de courage que j'ai appelé mon éditrice, Eva, pour lui faire part de mon état. Je n'ai même pas eu le temps de terminer mes explications qu'elle m'a dit :

— Ne t'inquiète pas, Saskia. Prends tout ton temps, on t'attendra.
— Vraiment ?
— Bien sûr. C'est un livre très personnel. Tu dois remettre un manuscrit avec lequel tu es bien, un manuscrit dont tu seras satisfaite.
— Coudonc, es-tu allée faire un tour dans ma tête ?
— Non, mais je comprends comment tu te sens. Prends tes vacances et on se parle à ton retour pour refaire notre échéancier.

Soudainement, tout me semblait plus léger. Je pouvais fermer ce « dossier » pendant quelques semaines, le temps des vacances, le temps de faire le plein d'énergie et de repos.

Je n'oublierai jamais l'été 2015. D'abord parce que la belle saison a été magnifique. Soleil, chaleur, bon temps en famille, entre amis. Mais l'été 2015 sera aussi marqué par autre chose, un événement qui me donne le vertige : après 14 ans de vie commune, Pierre-Alexandre et moi, on a pris la décision de mettre fin à notre vie d'amoureux. J'arrive difficilement à écrire ces mots, comme si le faire revenait à officialiser ce nouveau chapitre de ma vie. Je me sens soudainement triste et un peu seule. Notre couple battait de l'aile depuis un moment. Pierre-Alexandre et moi, on a toujours fait équipe, à la maison, au travail et dans nos projets. Mais notre relation amoureuse s'est effritée. On a repoussé ce moment longtemps, mais il fallait se rendre à l'évidence. Certaines tensions s'étaient installées, des incompréhensions aussi. Les enfants sentaient nos chemins se séparer. Une fois, je les ai même surpris en pleine discussion : « Crois-tu que papa et maman vont se séparer ? » Ça m'a brisé le cœur.

Dans ce livre, vous retrouverez donc des tranches de vie avec Pierre (on a tout de même passé 14 ans ensemble), mais aussi des bouts de ma vie sans lui.

Rien n'arrive pour rien. C'est après notre séparation que j'ai pu terminer ma rédaction ; comme si je
devais tourner des pages au sens figuré pour tourner
des pages au sens propre.

Ce livre révèle de nombreux passages, questionnements, réflexions de ma vie. Vous y retrouverez aussi
l'avis de nombreux professionnels – psychologue,
coach de vie, sexologue – qui viennent appuyer mes
réflexions ou y ajouter des informations. Je ne sais
pas si, comme moi, vous avez des questions sur de
nombreux sujets, mais, chose certaine, *Le carnet de
Saskia* est bourré de conseils et de réponses !

Saskia

Moi, Saskia

Ma passion pour les mots

L'écriture fait partie de ma vie depuis bien long-temps. En effet, ce n'est pas d'hier que j'ai la passion des carnets bien remplis ! Pendant toute ma jeunesse, comme vous peut-être, j'ai tenu un journal intime dans lequel j'inscrivais toutes mes actions, mes pen-sées, mes réflexions, mes questions, mes joies, mes peines… C'était la glorieuse époque des papeteries, des stylos de fantaisie à l'encre pastel, des premiers pousse-mines… Écrire était l'occupation préférée de bien des filles. Si on voulait me faire plaisir, on m'offrait un ensemble de papier à lettres. Envoyer et recevoir des lettres était pour moi un réel bonheur. Aujourd'hui, tout comme lorsque j'étais plus jeune, mes journaux intimes sont précieusement rangés dans des boîtes à souvenirs. Comme un trésor. Le mien. Écrire me fait un grand bien.

{ Écrire : une belle façon de s'exprimer sans filtre ! }

Mon amour de l'écriture m'a amenée à écrire des articles sur le tourisme. J'avais 23 ans, je travaillais pour TCV, la télévision communautaire de Vidéotron, et pour le site Canoë. J'étais sur le point de partir en vacances au Saguenay avec mon amie Séda quand je me suis fait proposer d'écrire des articles sur les endroits

qu'on visiterait. Tous les soirs, j'écrivais dans mon lit, comme si je tenais un carnet de bord. J'ai beaucoup aimé cette expérience. D'ailleurs, j'ai retrouvé récemment certains de ces articles : ça me donne envie de partir en *road trip* avec mes amours !

À la fin des années 90, j'ai aussi été journaliste pour une revue artistique, *V pour vedettes*, pour laquelle j'interviewais des artistes. Je me souviens entre autres d'une entrevue réalisée avec Les Grandes Gueules, José Gaudet et Mario Tessier. Une entrevue complètement folle, mais où le duo a été extrêmement généreux.

Pendant deux ans, en 2013 et 2014, j'ai aussi partagé des tranches de vie bien personnelles sur le blogue Famille de Canal Vie. Depuis 2015, j'ai mis en ligne mon propre site Internet où j'écris mon blogue et traite de divers sujets reliés à mon actualité. Que ce soit avec un stylo ou un clavier, l'écriture fait bel et bien partie de mon quotidien. Ça fait partie de moi !

J'ai toujours un carnet et un crayon à portée de main. Ça me permet de sortir le trop-plein d'idées qui se bousculent dans ma tête. Ne me parlez pas de prendre des notes sur mon iPad : rien ne bat le contact et l'efficacité du papier et du crayon, qui sont mes alliés. Mes carnets de notes me permettent aussi de noter mes réflexions… car oui, j'ai beau avoir souvent le cerveau en ébullition, je prends aussi le temps de faire des pauses, de savourer le moment qui passe. Mes doigts restent rarement immobiles devant une feuille blanche : ils sont toujours en train d'écrire une pensée, de noter une question, une expression, de faire le budget, de griffonner un petit dessin. J'ai appris récemment qu'on appelle ça un *doodle*. (D'ailleurs, en voici un ; c'est ça, un *doodle* !) J'aime particulièrement les restaurants et les cafés avec des nappes en papier : croyez-moi, je m'en donne à cœur joie !

Petit souvenir du lancement de mon premier livre

Mon premier livre

C'est en 2014 que l'écriture a pris une tout autre signification dans ma vie. Un matin, j'ai reçu un coup de fil de Sophie, une éditrice aux Éditions Caractère. On avait failli travailler ensemble dans le passé, mais ça ne s'était pas concrétisé, et Sophie avait le sentiment de quelque chose d'inachevé entre nous. Elle m'a donc contactée pour me dire qu'elle était en train de préparer un livre portant sur la santé et le bien-être des personnes de 40 ans et plus, et me demander si je souhaiterais me joindre au projet en tant que quarantenaire bien dans sa peau.

J'ai sauté de joie! Unir mes deux passions, l'écriture et l'estime de soi! Bien sûr que j'embarquais! Ce projet ne s'entasserait pas dans mes boîtes avec d'autres projets de livre, mais trouverait sa place dans les librairies… et dans vos maisons! C'était parti pour *Objectif poids santé après 40 ans: être bien dans sa peau*!

19

Cette première expérience comme auteure, qui coïn-
cidait avec mon entrée dans la quarantaine, a été
marquante. Avoir 40 ans vient souvent avec de nombreuses remises en question, dont le désir d'amorcer
un virage santé, et surtout bien-être. Oui, bien-être.
Voilà toute la nuance. Dans *Objectif poids santé après
40 ans*, on ne parle pas de minceur, mais de bien-être,
et ça, ça m'interpelle. J'étais d'ailleurs plus ou moins
d'accord avec l'idée de mettre le mot *poids* dans le
titre, parce que dans mon esprit, comme sans doute
dans l'esprit de bien des lectrices, il évoque automa-
tiquement la perte de poids. On l'a gardé, mais il est
devenu *poids santé*. Et on a banni de la couverture les
mots *régime* et *diète*. On a plutôt insisté sur l'importance du bien-être et du plaisir. J'avais envie d'offrir
un livre qui deviendrait un allié, un guide… mais
qui ne serait *surtout pas* culpabilisant! Sachez-le:
oui, notre corps peut changer avec la quarantaine,
c'est tout à fait normal, mais si on se sent bien, ce
n'est pas grave!

En vente partout où on vend des livres... C'est un vraiment bon livre! J'en suis pas mal fière!

Objectif poids santé après 40 ans, c'est :

- ✦ des explications pour comprendre ce qui se passe dans notre métabolisme (surtout si on ne mange jamais de dessert et qu'on prend du poids quand même!) ;

- ✦ des recommandations pour prendre un nouveau départ et adopter de nouvelles habitudes (surtout quand on n'a jamais fait de sport de sa vie et que là, le médecin le prescrit…) ;

- ✦ des recettes gourmandes à servir en portions raisonnables (oui, on peut continuer de manger des pâtes à la crème après 40 ans ! Pas question de privation ni de ne plus s'amuser !) ;

- ✦ des exercices **faciles à faire** à la maison et au bureau (même pas besoin de gym !) ;

- ✦ mes réflexions et mes trucs quotidiens pour maintenir de bonnes habitudes santé.

Là où tout a commencé, ou une histoire de persévérance

Dans le milieu de la télévision, quand on commence un projet, c'est comme une journée de tournage : on sait quand ça commence, mais rarement quand ça finit.

En 2015, j'ai enregistré la 15e année de *Décore ta vie*, diffusée sur les ondes de Canal Vie. Une émission que j'anime depuis sa création, ce qui n'est pas rien ! Quinze saisons en télé, c'est un grand privilège et, à la fin de chacune, je me remémore les débuts. Je n'arrive pas à croire qu'on a fait toutes ces merveilleuses rencontres… et ces fabuleux décors !

Tout a débuté en juin 2002. À l'époque, je faisais les tirages de Loto-Québec, qui étaient diffusés au réseau TVA, 9 ou 10 soirs par mois. Je travaillais aussi à Vox, là où j'ai entamé ma carrière d'animatrice. À ce moment-là, je ne faisais pas d'émissions quotidiennes ; j'étais employée par la chaîne pour y enregistrer des vidéos promotionnelles pour Illico. Je travaillais à peine 15 heures par semaine et, comme je suis une fille qui a beaucoup de difficulté à ne rien faire, je tournais en rond. Pendant cette période, j'ai dû repeindre trois ou quatre fois les murs de mon appartement tellement j'avais du temps à perdre ! Je ne restais pas assise plus de cinq minutes !

La compétition est forte dans le milieu de la télé au Québec. Du talent, il y en a en masse. J'étais tout de même convaincue qu'être animatrice était ma vocation. Je persévérais donc dans mes démarches auprès des gens du milieu susceptibles de me donner ma chance. J'ai fait des dizaines d'appels, envoyé des dizaines de démos (des présentations vidéo de différents extraits de ce que j'avais réalisé en télé, un peu comme un CV en vidéo). Je voulais ma place au soleil, mais rien ne bougeait…

{ *Je suis une battante, je n'ai jamais perdu espoir.* }

Malgré les nombreuses fois où je me suis fait répondre «Merci beaucoup, on garde votre offre en banque. Vous avez du talent mais, pour le moment, nous ne cherchons personne», il n'était pas question de me laisser abattre. Je continuais à frapper aux portes, à vouloir me faire connaître. J'ai toujours cru en mon rêve de travailler dans les communications et j'ai toujours eu une attitude positive, même quand je me faisais dire non. Oh ! je ne prétendrai pas que je trouvais ça facile : pour être honnête, c'était carrément démoralisant ! Bien sûr que j'ai pensé baisser les bras, mais je me suis toujours ressaisie rapidement. De nature, je suis une fille d'action. Voilà pourquoi je continuais mes démarches. La persévérance, la persévérance !

L'appel qui allait marquer plusieurs années de ma vie

Un jour, le téléphone a sonné. Alléluia !

Une certaine Brigitte Vincent, productrice de télé, voulait me rencontrer. Elle s'apprêtait à produire une émission de décoration dont le concept était de métamorphoser des pièces en une journée avec un budget de 1 000 dollars. Le fonctionnement : inscrire une personne chère à qui on voulait faire la surprise d'une nouvelle décoration dans une pièce de sa maison. Une émission où le plaisir de faire plaisir était à l'honneur ! L'aventure *Décore ta vie* commençait pour moi.

Au fil des ans, on a refait des chambres d'enfants créatives ; des chambres de parents amoureux ; des chambres de mères et de pères de famille monoparentale bien trop débordés pour peinturer leurs quatre murs eux-mêmes ; des salons modernisés ; des sous-sols familiaux; des cuisines fonctionnelles, et j'en passe. Il n'y a pas une pièce qu'on n'a pas transformée avec l'aide de designers tous plus talentueux et créatifs les uns que les autres. J'ai peinturé avec toutes les couleurs de l'arc-en-ciel, participé à mettre des étoiles dans les yeux de centaines de personnes. Avec *Décore ta vie*, j'ai trouvé une famille et des amis. Quelle chance!

Inutile de vous dire que j'étais extrêmement excitée par le projet de Brigitte Vincent. Moi qui adooore aller à la rencontre des gens et qui adooore la déco, cette émission semblait taillée sur mesure pour moi! Mais je savais comment fonctionne la télé: on s'est donc retrouvé plusieurs animatrices en lice...

Le jour convenu, je me suis rendue à mon entrevue. Brigitte m'a reçue dans son bureau, où se trouvait une caméra prête à filmer. Elle m'a posé plein de questions, auxquelles je répondais de mon mieux

Ginette, mon amie et designer depuis le tout début de l'émission!

C'est grâce à Brigitte que j'anime Décore ta vie!

avec un grand sourire, le cœur rempli d'espoir. À la fin, elle m'a demandé : « Pourquoi est-ce que je devrais te choisir ? »

Pourquoi est-ce que je devrais te choisir !

La fameuse question qu'on s'est *toutes* fait poser en entrevue. La question qui ramène sur terre, au cas où on aurait cru que c'était dans la poche !
Je me souviens d'avoir regardé la caméra, très nerveuse, mais d'avoir dit d'une voix convaincue et passionnée : « Je serai la meilleure pour vous. Je veux faire cette émission. Je ne suis pas connue, mais vous verrez, vous ne regretterez jamais votre choix ! »

Déterminée, la fille… même si mes genoux claquaient sous la table !

En télé, on dit souvent qu'il y a beaucoup d'appelés, mais peu d'élus. J'en étais consciente et, pendant ce *screen test*, j'ai donné tout ce que j'avais pour convaincre Brigitte de me choisir, moi : je ne voulais surtout pas regretter de ne pas avoir tenté le tout pour le tout ! Je me suis amusée. Je suis rentrée à la maison le cœur léger en me disant que, peu importe ce que l'avenir me réservait, j'avais donné le meilleur de moi-même.

Et ça a marché !

730 émissions plus tard...

Vous connaissez bien sûr la suite: j'ai décroché le contrat. Oh que j'étais heureuse! Je sautais partout dans la maison en criant: «Je l'ai eu! Je l'ai eu!»

Évidemment, je ne me doutais pas à l'époque que j'embarquais dans une aventure aussi unique. Je me souviens de ma première rencontre de production avec Jean-François Arel (l'homme à tout faire), Ginette Dagenais (une des designers permanentes de l'émission), l'équipe technique et les recherchistes: on ne se doutait pas du succès qu'allait connaître *DTV*, mais on s'apprêtait à donner vie à une des émissions phares du monde de la décoration au Québec.

Le fameux chandail!

Notre premier tournage se déroulait à Laval, chez les participants Sylvie et Pierre. Sylvie avait inscrit son frère dans le but de faire redécorer sa chambre à coucher. Pierre était père de famille monoparentale, et sa chambre manquait un peu d'amour.

On a travaillé 15 heures d'affilée pour que les transformations soient terminées en une journée… avec un budget de 1 000 dollars. Pierre était tellement heureux de sa nouvelle chambre! Il était beau à voir! D'ailleurs, lors de la célébration des 15 ans de *Décore ta vie*, on a revu Sylvie et Pierre, et c'est Pierre qui, cette fois-là, a surpris Sylvie en redécorant sa chambre avec nous. C'était touchant de les revoir après toutes ces années.

J'ai célébré mon trentième anniversaire de naissance à *DTV*… puis mon quarantième. On a pris quelques rides et quelques cheveux blancs, pas moins de 17 bébés sont nés dans notre équipe, et de véritables amitiés aussi. Brigitte, mon premier ancrage à ce beau projet, a été fabuleuse, ainsi que toute l'équipe. J'ai fait de merveilleuses rencontres sur ce plateau (jamais le même, il faut bien le dire!). Il s'en est versé, des larmes! Il y en a eu, des éclats de rire… souvent les miens, vous me connaissez! C'est pour moi un grand privilège que de partager une telle intimité avec mon public. Un privilège que je savoure à tous les instants parce qu'à chaque fin de saison, on ne sait jamais si l'émission sera reconduite.

Je repense parfois à cette période où je cherchais si désespérément à travailler. Cette période pendant laquelle je donnais littéralement mon temps en me disant que c'est en travaillant, en s'impliquant, en continuant de s'améliorer que les choses débloquent. Je croyais fermement, comme je le crois d'ailleurs toujours, qu'il n'y a rien de mieux que de passer à l'action pour avancer dans la vie… et les événements m'ont donné raison !

après

avant

Du tout début à aujourd'hui !

Emmenez-en, des projets !

Quand j'avais 10 ans...

Été 1983

Ma mère et moi habitions un appartement à Québec. Un logement assez grand pour que j'y aie une salle de jeux qui n'imposait *aucune* limite à mon imagination. Comme l'idée d'ouvrir un magasin, à 10 ans. Parce que je voulais plus d'argent de poche, j'avais décidé de vendre tous mes petits cossins : ma collection d'effaces, des crayons, des barrettes... Je m'étais débrouillée pour laisser la porte de l'immeuble ouverte et j'avais fixé des pancartes aux murs pour guider la clientèle jusqu'à notre appartement.

Bien sûr, je n'ai pas eu beaucoup de clients. Encore heureux, quand je repense à mon insouciance !

Mais cette anecdote montre que j'avais de l'imagination et que j'étais dégourdie. Ça fait d'ailleurs encore partie de moi aujourd'hui ! J'aime quand ça bouge, j'adore toucher à toutes sortes de choses. J'ai lu un jour qu'avoir des projets nous garde en vie. J'aurais aimé être celle qui a écrit cette phrase.

Des idées, j'en ai 1 000. Il faut parfois que je me parle : « Saskia, arrête ! Calme-toi ! C'est épuisant ! » Il n'y a pourtant rien à faire. C'est plus fort que moi, juste l'idée de développer une idée m'emballe. Cependant, je ne les révèle pas toutes : je jongle en silence, j'ai peur qu'on tente de me dissuader si j'ouvre la bouche… Je dois avouer que j'ai déjà fait des erreurs en agissant sur un coup de tête. Mais qui n'en fait pas ? Seulement ceux qui ne tentent rien. Ou les extrêmement prudents. Pour ma part, j'en suis convaincue : pour mieux avancer, il faut parfois trébucher, ou même tomber. Il est normal de se tromper. N'est-ce pas à travers les erreurs qu'on apprend le plus ? En vieillissant, j'apprends à mieux prévoir les conséquences et répercussions de mes actes, mais mon côté spontané me joue parfois des tours dans certains projets, il m'arrive encore de me casser le nez… Dans ce temps-là, j'encaisse le coup et je me prépare mieux pour la prochaine fois !

L'art d'apprécier la vie

20 mars

Il y a de ces journées où tout semble aller comme sur des roulettes. Tout est parfait.

Au moment où j'écris ces mots, la lumière extérieure est superbe. Vous avez peut-être remarqué que je fais souvent des commentaires sur la météo : la température m'influence beaucoup, comme c'est sans doute aussi votre cas. Surtout quand arrive novembre et que le soleil se couche à 16 h 30… Mais aujourd'hui, c'est magnifique, et demain, ce sera le PRINTEMPS ! Youpi ! On s'en fiche qu'il fasse encore froid : il se passe quelque chose de magique le 21 mars, comme si soudainement, tout le monde devenait plus joyeux, plus léger, plus gentil. Prenez le temps de remarquer le changement de couleur dans la nature, et l'apparition des premières frondaisons, ces petites feuilles vert vif dans les arbres et les buissons. C'est le retour de la couleur et ça fait du bien au moral !

Un dessin de ma belle Simone

Plus jeune, je ne me préoccupais pas de la température, à part quand elle se réchauffait assez pour qu'on puisse *enfin* se passer de bottes et d'habits de neige. Maintenant, j'ai hâte de ranger ceux des enfants. À la fin de l'hiver, je n'en peux plus de les laver chaque soir (allô, la bouette, c'est le printemps!). Mais, ça, c'est mon problème, parce que les mousses, eux, ils gardent le sourire, ils éprouvent encore du plaisir à profiter du froid et de la neige… même si elle est sale! Ah, les enfants! Rien de mieux pour nous aider à garder les deux pieds sur terre et nous inciter à apprécier le moment présent! «Allons-y, les adultes! Sautons dans la neige brune avec eux!»

Mes mousses, Simone et Laurence

D'ailleurs, chaque fois que mon horaire me le permet, je sors avec mes enfants le matin et les accompagne à l'arrêt d'autobus. J'adore ce moment, peu importe la température: ça m'oblige à prendre l'air… et à respirer par le nez! Ainsi, même si la Saskia-qui-fait-du-lavage a envie de dire à ses petits «Arrêtez de vous rouler dans la boue! Vous allez être tout mouillés et vous allez geler!», la Saskia-pas-rabat-joie, celle qui a eu le temps de respirer l'air frais et d'apprécier le moment présent, me chuchote plutôt de cesser de leur faire des recommandations à tout bout de champ: «Laisse-les s'amuser! Ce sont des enfants! Ça fait partie des privilèges de l'enfance que de se rouler par terre.»

Vrai.

Alors, au lieu de ne penser qu'au lavage supplémentaire que j'aurai à faire le soir venu, je me concentre sur le rire de mes enfants et j'en apprécie chaque éclat.

Après les câlins et les bisous, les enfants montent dans le bus, et je presse le pas pour retourner vite à la maison. Oh que j'ai du pain sur la planche! Où est ma liste de choses à faire, donc?

Conseils d'amie
par **Magalie Lebrun**,
coach familiale et conférencière

. . . .

J'aime les listes
**Voici dix aspects dont il faut tenir
compte quand on fait des listes.**

✔ **Libération:** Une fois les tâches mises sur papier, elles cessent de nous trotter dans la tête!

✔ **Réalisme:** Attention de faire une estimation réaliste du temps requis pour effectuer une tâche. On sous-estime souvent ce temps et on finit par en manquer, ce qui fait augmenter notre stress.

✔ **Agenda:** Il vaut mieux faire des listes dans un agenda ou un petit carnet plutôt que sur un bout de papier qu'on peut perdre ou oublier (regrouper les listes).

o o o

o o o

✔ **Applications** : Vive les téléphones intelligents ! Il existe une foule d'applications pour faire des listes efficaces avec les tablettes et téléphones intelligents.

✔ **Conservation** : Ne pas détruire les listes terminées. On s'imagine souvent qu'on n'accomplit pas beaucoup de tâches. Les listes conservées nous prouvent le contraire.

✔ **Délégation** : Les listes nous aident à déterminer ce qu'on peut déléguer (aux enfants, au conjoint...).

✔ **Optimisation** : Les listes peuvent servir à nous préparer pour utiliser notre temps de manière optimale, par exemple à prévoir nos déplacements pour que notre trajet ne soit pas fait d'allers-retours incessants et de perte de temps.

✔ **Élimination** : Cocher des éléments de nos listes peut nous aider à ne pas procrastiner puisqu'on se donne le défi de rayer quelques tâches.

✔ **Efficacité** : Il faut éviter la surabondance de listes. Il ne sert à rien d'avoir des listes pour tout et pour rien, car elles perdent de leur efficacité.

✔ **Récompense** : Inclure des moments de récompense pour soi. Eh oui, c'est aussi à noter dans nos listes !

Je m'installe à mon bureau avec mon deuxième café. Ahhhh qu'il est bon, celui-là ! Et chaud ! Mon bureau est sens dessus dessous. Cordonnière mal chaussée ! Je ne sais pas combien de bureaux on a aménagés dans le cadre de *Décore ta vie...* Le mien mériterait d'être retapé depuis… depuis toujours, je pense bien. On y trouve des photos, des dessins de mes enfants (et mes propres gribouillages sur des bouts de feuilles), des factures, des comptes à payer, des carnets de notes empilés… Et mon agenda.

Au programme : boulot. Qu'on se rende travailler dans une boutique, dans un bureau ou dans un commerce dont on est le propriétaire, le travail, c'est le travail. De mon côté, aujourd'hui, je serai en tournage pour *Décore ta vie*.

Parfait.

J'ai besoin de bottes, d'un manteau, d'une écharpe et de gants, parce qu'il ne fait pas encore chaud, chaud. Et en double, s'il vous plaît, parce qu'on va tourner deux introductions dans la journée. J'ai aussi besoin

Au boulot !

de ma gourde, parce que je bois beaucoup d'eau, et d'une collation santé, sinon je vais manger des trucs impossibles. Donc, des noix et un fruit dans ma boîte à lunch.

Je ne dois pas non plus oublier mon dossier de recherche. La préparation est très importante pour mon travail. Il me faut bien connaître l'histoire des participants que je vais rencontrer aujourd'hui. Et il faut aussi que je me mette dans une ambiance particulière, parce qu'avec *Décore ta vie*, on entre dans la vie intime de gens qui ont souvent vécu des moments difficiles. Me préparer aux tournages implique donc beaucoup d'ouverture, d'écoute. Pendant quelques heures, je fais « pause » sur ma vie et me concentre sur la leur. Ce sont eux qui comptent.

Et à travers tout ça, je dois...
→ aller à la pharmacie, à l'épicerie... ;
→ retrouver dans ma garde-robe le haut que j'ai promis de prêter à une copine ;
→ planifier ce qu'on va manger pour le souper ;
→ faire les devoirs avec les enfants ;
→ descendre au sous-sol faire une brassée de lavage ;
→ plier la brassée qui attend dans la sécheuse depuis deux jours ;
→ me coucher de bonne heure parce que, demain, je me lève à 4 h pour ma journée à la radio !

∽ Chapitre 1 ∾

Ahhhh, se lever à 4 h, ça change une routine!

Quand j'ai décroché mon contrat à Rythme FM au printemps 2015, j'étais évidemment emballée! Mais quand j'annonçais la bonne nouvelle à mes proches, très fière de ce nouveau défi, tout ce que les gens me répondaient, c'était: «Pauvre toi, moi, je ne serais jamais capable de me lever tôt comme ça!» Je me disais alors en moi-même: «Hé! Il ne s'agit pas de mon sommeil; c'est une belle nouvelle, ce nouveau contrat! Moi, je suis heureuse. Pouvez-vous être heureux pour moi?»

Bien sûr, mes proches s'inquiétaient pour moi. Et peut-être qu'ils avaient en partie raison. Effectivement, se lever en plein milieu de la nuit, c'est quelque chose! Quand le réveil sonne, je n'ai pas le droit de *snoozer*, pas le droit de réfléchir. Je me lève comme un robot. Je descends, enfile mes vêtements, me brosse les dents, me crème le visage et pars.

Il m'est arrivé de commencer à préparer les lunchs, de me friser les cheveux ou de ranger la cuisine… Mauvaise idée: chaque minute est précieuse. Pas le temps de faire du ménage. Je dois sauter dans mon auto pour arriver vers 5 h à la station. J'ai 30 minutes de route devant moi (le trafic? quel trafic?), ce qui me permet d'être à jour dans les nouvelles.

Le plus dur, sincèrement, c'est le réveille-matin à 4 h.
Sinon, j'adore arriver à la station, retrouver l'équipe.
En seulement quelques semaines, on a tissé de beaux
liens. Aimer son travail n'a pas de prix. Quand
même, je n'ai pas le choix d'ajouter une sieste à mon
horaire, et je vais au lit à 21 h maximum. Me voilà
presque devenue disciplinée.

Oui, mais… les enfants ?

Avec mon coanimateur
Jean-François Baril

Avec la séparation et la garde partagée, je dois avouer que j'ai eu envie de tout laisser tomber. De tout balayer. Je me disais : « Plus question de travailler, je dois couver ma nichée. Et ne faire que ça. » Comme elle le fait souvent, c'est ma mère qui m'a ramenée à la raison.

— Saskia, comment vas-tu gagner ta vie si tu ne travailles pas ?

— …

— Tu es bien entourée. On va t'aider avec les enfants. Tu ne peux pas tout arrêter en même temps. Vas-y une journée à la fois, une heure à la fois, s'il le faut. Ne te laisse pas emporter par tes émotions…

Ma mère avait raison : je ne pouvais pas tout arrêter. En outre, j'aime mon métier. J'ai dû me mettre en « mode solution » pour trouver comment me débrouiller avec les mousses le matin. Pas question de les laisser seuls à la maison avant l'école : ils sont beaucoup trop jeunes. Il me fallait donc trouver une personne de confiance qui prendrait soin de mes enfants comme je le ferais, et avec qui Laurence et Simone seraient bien. Et je l'ai trouvée !

Quelques années auparavant, Isabel, une gardienne, était entrée dans nos vies. Elle a connu mon Laurence alors qu'il avait un peu plus d'un an et a fait la connaissance de Simone alors qu'elle n'avait que quelques mois… Je lui ai parlé de ma nouvelle situation en lui expliquant que j'avais besoin d'aide le matin. Je croisais les doigts pour qu'elle accepte de se charger de cet horaire un peu atypique pour une gardienne. La preuve qu'il y a du bon monde sur terre : Isabel a accepté ! Elle dort même à la maison pour être certaine d'être présente quand je pars à 4 h 30. Et une autre Isabelle, qui habite tout près de l'école celle-là, accueille les enfants en fin d'après-midi. Oui, je suis bien entourée ! J'ai une chance inestimable. Il y a effectivement une solution à tout : il faut parfois seulement penser hors de la boîte, être créative.

Mes enfants seront toujours ma priorité. Avec «mes» Isabel(le), mon cœur de maman est rassuré, l'équilibre règne chez nous, ainsi je pars travailler en confiance. En plus, Pierre n'est pas loin et l'entente entre nous est bonne. Quoi qu'il arrive, on sera là pour aider l'autre en cas de besoin. Les enfants sont aux anges. Souhaitons qu'il en soit toujours ainsi. ☺

Travailler fort pour être indépendante

Ma quête d'indépendance personnelle et financière a débuté assez tôt dans ma vie. À 14 ans, j'étais assistante chez une esthéticienne, ensuite j'ai travaillé dans un magasin de location de vidéos, plus tard j'ai été hôtesse, puis serveuse dans des restaurants.

Vers 17, 18 ans, je travaillais plusieurs heures par semaine, en plus de l'école à temps plein et de mes activités sociales, qui occupaient une place très importante dans ma vie. Même si j'étais jeune, je me demandais déjà: «Saskia, pourquoi est-ce que tu bourres ton agenda comme ça? Pourquoi est-ce que tu travailles autant?»

La réponse est simple: parce que j'aimais, et que j'aime encore, être occupée. Et j'aime être indépendante financièrement. Le fait que je n'aie pas de sécurité d'emploi (je vis d'un contrat à l'autre) explique pourquoi je saisis les occasions qui se présentent. Je dois aller de l'avant, développer de nouvelles idées, de nouveaux projets pour être certaine d'avoir un revenu, et surtout continuer d'être stimulée; dans l'action, j'ai l'impression d'avancer. Il faut que je crée moi-même mon emploi du temps. À certains moments, je suis même mon propre employeur.

Depuis mes premières années dans le milieu de la télévision, j'ai travaillé très fort. Et je le dis bien humblement, je suis fière d'avoir acquis une certaine notoriété. C'est le fruit de tout ce travail. Cette reconnaissance me permet de concrétiser mes propres idées, mais aussi de recevoir des propositions de gens de différents milieux. Chaque fois, je me sens touchée. Cette abondance m'oblige cependant à faire des choix et parfois à dire non, ce que je ne trouve pas toujours facile. Mais dire non, c'est aussi prendre soin de moi et de mes proches, parce qu'après tout, je suis simplement… humaine.

Humaine… mais un peu Germaine !

Vous avez découvert mon petit côté Germaine dans l'émission *Comment rénover… sans trop se chicaner !*, que j'ai faite avec Pierre-Alexandre. Pendant le tournage, je me suis demandé si ça ne faisait pas partie de nos gènes à nous, merveilleuses femmes, de *bosser* un peu. En tout cas, moi, je crois bien l'avoir, ce gène-là ! Oui, je suis un peu Germaine, et je pense même que j'aime ça, comme si j'avais l'impression de contrôler la situation, mon environnement. Ce qui fait que j'ai beaucoup de difficulté à déléguer ou à demander de l'aide. Je n'en suis pas nécessairement fière, mais je m'assume… et j'essaie de travailler là-dessus ! 😊

Conseils d'amie
par la **Dʳᵉ Stéphanie Léonard**,
psychologue

. . . .

Germaine ou femme d'action?

Germaine: celle qui gère et qui mène. L'expression « être une Germaine » est habituellement péjorative. Il faut pourtant la nuancer, car certains aspects de la personnalité d'une Germaine sont assurément des forces, par exemple:

→ être dans l'action;
→ aimer prendre des initiatives;
→ être « leader » au sein d'un groupe.

Par contre, d'autres aspects qu'on associe à la Germaine peuvent être plus problématiques sur le plan interpersonnel, par exemple:

→ entretenir des exigences trop élevées envers nos proches;
→ exiger que les choses soient faites à notre façon;
→ critiquer ceux qui nous entourent.

Il faut simplement éviter de tout mélanger!

Recevoir la confiance des gens : un trésor

Ma mère m'a élevée avec peu de sous, mais plein de moyens. Le système D, elle connaît. Je n'ai jamais manqué de rien. Du moins, je ne l'ai jamais ressenti. Elle travaillait fort. On vivait avec peu de choses, mais elle réussissait à rendre notre environnement chaleureux et très confortable. Ma mère a toujours eu une influence positive sur moi. Je ne l'ai JAMAIS entendue se plaindre.

D'aussi loin que je me souvienne, j'ai admiré ma mère : elle a toujours été jeune de cœur, joyeuse, et, forcément, ça a déteint sur moi. On a passé des soirées entières à rigoler ensemble, à danser dans le salon. Si je mords dans la vie, c'est d'elle que je tiens ça. Elle m'a eue au début de la vingtaine et est rapidement devenue mère de famille monoparentale. Elle me trimballait partout. Comme elle travaillait dans le milieu des arts, j'avais la chance d'assister à plusieurs événements desquels les jeunes enfants sont habituellement exclus. C'était plutôt sympa !

Maman et moi

Ma mère démontrait une grande confiance en moi, ce qui a eu pour effet que je suis devenue autonome rapidement. Très tôt, j'ai eu envie de me débrouiller seule. Quand on a déménagé de Québec à Montréal, l'été de mes 12 ans, j'ai découvert un tout nouveau monde à explorer. Je devais gagner mes propres sous pour faire ce dont j'avais envie : m'offrir des gâteries, aller au cinéma, m'acheter des vêtements à la mode… Ma mère me faisait confiance, mais m'encadrait en même temps.

J'éprouve énormément de gratitude pour tous les gens, et au premier chef ma mère, qui m'ont fait confiance et qui m'ont donné la chance d'avancer, de me réaliser, de m'accomplir, de m'épanouir. J'ai le bonheur de faire un métier qui me stimule. Et mon Dieu que c'est important de faire ce qu'on aime dans la vie !

Encourager, accompagner quelqu'un de votre entourage peut lui donner des ailes. Il n'y a rien de mieux que le renforcement positif ! VRAIMENT !

Ma mère avec la petite Simone

Le travail comme valeur enseignée aux enfants

J'ai le désir de me poser en exemple dans la vie de mes enfants. Je crois qu'il faut réaliser un maximum de projets qui nous allument, que c'est de cette façon qu'on est heureux. Mes enfants me voient heureuse de me lever le matin pour aller travailler, et c'est important pour moi. (C'est vrai, depuis que la radio est entrée dans ma vie, ils me voient un peu moins le matin… Mais vous voyez le principe.)

Été comme hiver, il y a des périodes de pointe dans mon horaire, où je travaille même les samedis et dimanches. Les comptables ont celle des impôts; les enseignantes, la rentrée et les semaines d'examen; les coiffeuses, les mariages et le temps des fêtes… Bref, on a toutes des périodes où les heures supplémentaires sont inévitables… et qui tournent au casse-tête quand on a des enfants à la maison. Moi qui n'aime pas trop déléguer… Pierre-Alexandre et moi avons dû apprendre à accepter l'aide et à la demander: c'était le bien-être de nos petits qui en dépendait. Heureusement qu'on a Isabel et Isabelle, qui ont su prendre soin de nos amours comme s'ils étaient les leurs. Ma mère aussi, qui est venue quelques fois de son Charlevoix pour nous seconder pendant plusieurs semaines.

Évidemment que les enfants s'ennuient de nous… Il est donc hyperimportant de les rassurer, de leur dire que je les comprends. Pour pallier mon absence ou faire en sorte que leurs journées soient douces même si on n'est pas là, je les appelle, je leur écris un mot. S'ils sont à la maison, je leur laisse une note sur la table de la cuisine, un beau « Bonjour, je vous aime ! » ou « Bonne chance pour ta dictée ! » Évidemment, il faut se souvenir de leur horaire aussi bien que du nôtre, c'est pourquoi les calendriers de frigo sont essentiels, à mon avis ! Et si Laurence et Simone sont chez leur papa, je leur envoie un texto. Parfois, je les surprends en allant les chercher à l'école sur l'heure du dîner pour qu'on mange ensemble.

Je leur explique bien que nous, le « 9 à 5 », on ne connaît pas ça, ce qui nous permet par contre de profiter, à d'autres occasions, de matins plus tranquilles, ou d'aller les chercher à l'école l'après-midi. Chose certaine, je ne balaie pas leur peine sous le tapis, jamais : je prendrai toujours le temps nécessaire pour les écouter, les rassurer et leur réexpliquer (encore, encore et encore) l'importance de faire un travail qu'on aime.

Mes journées de tournage de *Décore ta vie* ou de *Des rénos qui rapportent gros* sont inscrites à l'horaire familial : les enfants savent qu'il y a de fortes chances que je ne sois pas là un soir ou deux pendant la semaine, car certains tournages sont plus longs que prévu et finissent tard. Selon le nombre d'émissions que je tourne, je suis absente de 30 à 50 soirs par année, donc en moyenne une fois par semaine. Comme j'arrive souvent avant le dodo, on passe un moment ensemble collés, collés. Dans tous mes projets, j'ai de bons patrons qui comprennent et respectent mon désir d'arriver à temps chez moi pour profiter d'un moment de qualité en famille. Je peux donc dire que ma conciliation travail-famille est réussie, ce qui me permet de m'épanouir en tant que femme de carrière et maman. Je choisis des projets qui m'allument, à condition qu'ils me permettent de maintenir un bel équilibre personnel-professionnel. Pour les autres projets moins souples, j'ai appris à établir mes priorités.

Laurence et Simone avec leurs cousins Daphnée et Théo

Conseils d'amie
par la **D^re Stéphanie Léonard**,
psychologue

. . . .

Maman au boulot :
l'effet sur les marmots, ou les secrets
de la conciliation travail-famille.

✪ Faire le deuil de la perfection et de la superwoman, parce qu'elles n'existent pas !

✷ S'assurer que nos choix de vie s'arriment à nos valeurs personnelles (ce qui nous évite de nous sentir constamment tiraillées et coupables).

✪ Identifier ses priorités pour mieux lâcher prise sur certains aspects du quotidien.

✪ S'organiser afin de mieux planifier et gérer la routine (en utilisant un calendrier familial, des rappels sur notre téléphone, etc.).

✷ Prévoir des moments d'arrêt afin de reprendre son souffle et de ne pas avoir toujours l'impression de courir (pour toute la famille et pour soi-même).

✪ Prendre le temps de parler avec nos enfants et prendre le pouls de comment ils se sentent.

✪ Ne pas hésiter à demander de l'aide.

Image corporelle et estime de soi

Le look !

Miser sur ses qualités

J'adore le monde des communications. C'est un bonheur de travailler dans cette sphère, que ce soit comme animatrice télé ou radio. J'aime faire de nouvelles rencontres, être près des gens, jaser avec eux, les écouter. J'aime apprendre, me nourrir de l'expérience des autres, grandir, changer. Il en est ainsi depuis que je suis toute petite. J'ai toujours aimé poser des questions, et cette avenue s'est finalement tracée naturellement dans ma vie professionnelle.

C'est à 14 ans que j'ai déniché mon premier emploi, grâce à mon bagou et à mon audace. J'étais chez l'esthéticienne pour une épilation demi-jambes. (Déjà à l'époque, j'étais une fanatique de crèmes et de soins de la peau. Je suis une « crémeuse » professionnelle !) Alors qu'elle terminait mon soin, je l'ai entendue soupirer. Elle était visiblement préoccupée. Même si je n'étais qu'une ado, je me suis informée de ce qui n'allait pas.

— Mon assistante ne s'est pas présentée au travail aujourd'hui. Je vais être dans le jus toute la journée…
— Eh bien, je peux t'aider, moi! J'aime tellement être ici!

La jeune Saskia, sûre d'elle, n'a fait ni une ni deux et a offert ses services! J'étais tellement convaincante que l'esthéticienne, Nicole, m'a engagée sur-le-champ. Quelle satisfaction, j'avais ma première *job*! Je répondais au téléphone, passais le balai, préparais les cabines, coupais les bandelettes pour les épilations et plaçais les pots de crème! J'étais aux petits oiseaux.

Ce que j'aimais le plus, c'était d'accueillir les clientes. Même si je me sentais un peu gênée, je ne le laissais pas paraître. Le plus sérieusement du monde, je prenais leur manteau, leur demandais de s'asseoir, leur offrais quelque chose à boire, et, si jamais Nicole avait un peu de retard… on jasait. Je vivais mon premier bain de public. Je m'y sentais bien, et travailler entourée de gens est resté une priorité pour moi. Ça tombe bien, j'ai bien d'la jasette!

Même si le monde des communications m'a toujours attirée, je pensais faire le même métier que ma mère. Elle travaillait comme habilleuse et costumière pour des productions télé comme *Lance et compte* et *Scoop*. J'étais fascinée par ce métier. Ma mère trimait dur, mais j'avais envie de suivre ses traces.

Après mon secondaire, j'ai étudié au collège Jean-de-Brébeuf en lettres et communication. On a monté une production télé dont j'ai fait les costumes. Comme ma mère. Franchement, je n'ai même jamais pensé à l'option d'être devant la caméra; à cette époque, je voyais ma place derrière le « Kodak ». C'est plus tard, en animant des soirées à l'école ou en constatant ma grande force dans les exposés oraux, que l'aspect « spectacle » des communications m'a tentée. Mais je ne croyais pas me retrouver à la télé. Le métier d'animatrice me semblait même inaccessible. Chez moi, on regardait rarement la télé, et je n'ai jamais joué à l'animatrice devant mon miroir.

Ce sont mes proches qui m'ont dirigée vers cette avenue. Un soir, mon amie Sophie m'a ouvert les yeux. Elle n'y est pas allée par quatre chemins :

— Saskia, arrête de niaiser, arrête de tourner en rond ! Tu dois travailler à la télé ou à la radio !
— Vraiment ? Moi ? Ben, non, voyons… moi, vraiment ?
— Pff ! Tu as une personnalité incroyable, tu es pleine de charisme. Tu fais rire les gens, tu les mets à l'aise, ils s'amusent avec toi. FONCE !

Elle avait bien raison. J'aime être entourée de gens, j'aime les faire rire ou réagir ! J'aime mettre le party dans la place, où que je sois. C'était décidé : j'allais faire de ma passion pour les communications mon métier. J'ignorais encore sous quelle forme, mais j'ai fait le saut en allant suivre une formation de radio-télé à l'école Promédia. J'allais miser sur ma capacité de travail, ma personnalité et ma joie de vivre.

Sophie avait raison. Elle a bien fait de me secouer les puces !

Conseils d'amie
par la **Dre Stéphanie Léonard**,
psychologue

. . . .

Trouver le courage
de se mettre en valeur

Se mettre en valeur ne signifie pas la même chose pour tout le monde. À mon avis, la clé est premièrement de bien se connaître. Il peut être tentant, par moments, de se comparer aux autres et d'essayer d'être quelqu'un qu'on n'est pas, par désir de plaire ou pour correspondre à un certain idéal.

Je dis toujours qu'un des deuils essentiels qu'on a à faire est celui de l'unanimité : on doit réaliser qu'il est tout simplement impossible de plaire à tout le monde.

De plus, décevoir est un aspect normal et sain des relations interpersonnelles. C'est pourquoi, chacune à notre manière, on se doit de suivre qui on est et de foncer… Être authentique, miser sur ses points forts, s'affirmer, exprimer ses besoins et mettre ses limites sont assurément les meilleures façons de se mettre en valeur !

La petite fille qui voulait être comme les autres

Petite fille, j'avais le sentiment profond d'être différente des autres. Ma réalité était passablement décalée par rapport à celle de mes copines de classe.

J'ai fait mon primaire chez les Ursulines de Québec, une école fondée en 1639 par Marie de l'Incarnation, dont l'enseignement était encore donné par des religieuses. Mes camarades, que des filles, venaient de familles aisées, dont la majorité des parents étaient toujours en couple et vivant le plus souvent dans des maisons cossues en banlieue de Québec. Mes parents à moi étaient séparés depuis longtemps, je vivais avec ma mère dans un appartement en plein cœur de la ville, avec des moyens assez modestes. Une des enseignantes, une sœur, bien entendu, m'a dit un jour que je n'existais pas aux yeux de Dieu parce que non seulement mes parents étaient séparés, mais en plus ils n'avaient pas été mariés. Je me souviens d'avoir été très blessée par ce commentaire. Rien pour m'aider à me sentir comme les autres petites filles…

En classe, je me suis toujours assez bien débrouillée mais, quand arrivaient les heures d'éducation physique, j'aurais souhaité disparaître. Pouah! D'abord, la tenue de gym imposée par l'école ne m'aidait pas à me faire sentir bien dans ma peau. Imaginez une Saskia qui manquait un peu de confiance en elle dans un minishort à rayures blanches sur le côté et un chandail blanc trop ajusté! En plus, je n'ai jamais été une grande sportive. Ce sentiment m'a accompagnée jusqu'au secondaire, où je voyais les filles jouer à la ringuette ou au handball et développer leur sentiment d'appartenance. J'aurais voulu faire partie d'un groupe tissé serré, mais je manquais de confiance en moi (et de talent naturel) pour être un bon élément dans une équipe. Je me tenais toujours un peu à part... J'aurais tant aimé qu'on m'invite, qu'on m'apprenne. Voilà pourquoi je recommande toujours à mes enfants d'inclure dans leurs activités les amis qui ont l'air seuls, de leur donner la chance de s'intégrer. Après tout, plus on est de fous, plus on s'amuse... C'est ce qui est important!

Ça ne s'est pas passé ainsi pour moi. J'ai alors essayé le ballet, une activité qui n'impliquait pas que j'aide une équipe à marquer des points ni des buts. Mais la ballerine en moi n'existait pas: je n'avais rien de gracieux. J'ai donc abandonné rapidement. Le ballet ne devait pas s'accorder à mon rythme! Finalement, j'ai découvert les cours d'aérobie à l'adolescence. Bouger au son de la musique, chanter en se déhanchant et s'amuser : voilà la bonne combinaison pour moi. J'ai mis quelques années à trouver ce qui m'allumait côté sport et mon sentiment d'appartenance s'est développé sur le tard, mais j'ai trouvé !

Aujourd'hui que je suis adulte, j'apprends jour après jour à me définir comme quelqu'un d'unique et à m'apprécier comme je suis. Mais je comprends très bien qu'un enfant souhaite être « comme les autres ». Je le vis avec mes mousses : Laurence, à qui j'ai dit un jour que son dessin était original, m'a répondu, très insulté, qu'il ne voulait pas être « original », mais comme les autres. C'est tout dire.

Ce désir de ne pas être trop en marge du groupe est un passage normal. En attendant, je leur explique le mieux possible qu'on est comme on est et que c'est ce qui nous définit. On est tous différents. C'est ce qui fait la beauté de notre monde. C'est comme dans un magasin de bonbons : si on y trouvait juste des petits cœurs à la cannelle, ça serait plate en titi !

L'image est simple, mais je la trouve évocatrice.

Conseils d'amie
par la Dre Stéphanie Léonard, psychologue

. . . .

Pareil, pas pareil

Il est tout à fait normal, pour les enfants, de vouloir être comme les autres. En tant que parents, notre rôle consiste principalement à bien les guider afin qu'ils développent une bonne estime de soi.

L'attitude qu'on adopte envers nous-mêmes, qu'elle soit encourageante ou dénigrante, a une grande influence sur comment nos enfants se définiront puisqu'ils observent comment, en tant que parents, on navigue à travers les exigences sociales et on gère nos propres points forts et moins forts.

L'enfant a besoin qu'on reconnaisse son unicité, en respectant ses forces et ses limites. Parallèlement à cela, il a aussi besoin qu'on l'encourage progressivement à prendre des risques et à sortir de sa coquille.

La diversité corporelle : terminés, les commentaires sur notre poids !

En mars 2014, je travaillais à la rédaction du livre *Objectif poids santé après 40 ans*. Le 13 mars, une forte tempête de neige soufflait. Je comptais donc profiter de ce congé forcé (et merveilleux !) pour faire avancer un peu mon manuscrit. J'ai plutôt créé une tempête d'un tout autre genre ! Vous vous en souvenez peut-être : ce jour-là, j'ai fait une sortie en règle contre les commentaires blessants sur mon poids qu'un individu a osé écrire sur ma page Facebook officielle.

Mon éditrice de l'époque pensait que j'avais calculé mon coup pour promouvoir mon livre ! Mais non, je n'avais rien calculé. J'ai agi avec spontanéité. Me faire dire, par un homme que je ne connais ni d'Ève ni d'Adam, « T'as pas maigri, beauté ! », c'était trop. J'étais incrédule : « Pardon ? Je viens de partager une photo de mes enfants qui jouent dehors en s'amusant et vous, monsieur, vous me faites ce commentaire ! Non ! »

En lisant les mots mesquins écrits sur *mon* mur, je suis devenue un simple être humain blessé. Mon seuil de tolérance avait été dépassé, et je ne me sentais pas capable de pleurer cette blessure seule dans mon coin. Emportée à la fois par un sentiment d'impuissance devant la bêtise humaine et par le courage de dénoncer, j'ai décidé de me tenir debout et, du même coup, de me vider le cœur !

Mon message a été vu par près de 600 000 personnes, 30 000 personnes ont cliqué sur « J'aime » et j'ai reçu des milliers de messages et de commentaires de soutien. J'en ai eu le vertige.

Cette histoire est arrivée il y a plus de deux ans et pas une journée ne passe sans que je me fasse dire que j'ai bien fait de monter aux barricades. D'une certaine

Saskia Thuot - Page Officielle

Je n'en peux plus! On vient de m'écrire ceci: T'as pas maigri beauté! Ce commentaire aussi anodin soit-il me fait pleurer, alors que je regarde mes enfants jouer et s'amuser, je pleure. Je n'en peux plus de ce genre de commentaire, c'est tellement blessant, c'est tellement dégradant, et tellement facile. Je sais que mon corps ne correspond pas aux critères de beauté actuels. Je sais... Mais je sais aussi que mon corps est magnifique à sa façon, il est le mien et me fait vivre et aimer. À chaque commentaire méchant, j'ai l'impression que je dois rebâtir les fondations de mon estime et à 41 ans, je veux seulement être bien. J'ai appris à l'aimer, aimer ces courbes qui sont les miennes et qui font de moi Saskia! Et plus jamais, jamais je ne me laisserai atteindre, plus jamais je ne verserai de larmes. Mais je vous en prie, au lieu de faire des commentaires négatifs sur l'apparence physique,
mettons de l'avant les belles qualités de cœur des gens qui nous entourent!

façon, je me suis tenue debout pour tous ceux qui reçoivent des commentaires blessants et n'osent pas se défendre. Lorsqu'il se fait rabaisser, l'être humain a tendance à se rabaisser à son tour et, chaque fois, il s'écrase un peu plus. Après, il est d'autant plus difficile de se relever.

Je ne croyais pas faire autant de bruit avec mon message, mais je suis heureuse de l'avoir écrit. On est tous faits pour être différents, alors que l'image de la beauté qu'on nous suggère en Amérique est tellement loin de notre grande diversité corporelle…

Tous les jours, j'encourage les gens à se définir autrement que par la beauté stéréotypée. Je le fais avec mes enfants, avec de petites phrases clés :

- ✵ Tu es gentil.
- ✶ Tu as une bonne écoute.
- ✵ Tu es généreuse.

Je le fais aussi avec les adultes :

- ✵ Tu as l'air bien.
- ✶ Ta présence est agréable.
- ✵ Tu me fais rire.

La diversité corporelle est un sujet qui me rend émotive, mais, en voyant la réaction de plusieurs d'entre vous, j'ai senti que je venais de mettre le doigt sur quelque chose qui ne laisse personne indifférent.

Voilà pourquoi je continue de défendre mon message. Vous avez été nombreux à partager vos tou-
chants témoignages sur ma page Facebook, et je vous
en remercie.

3 actions concrètes

1. Je définis ma beauté par un trait de
   caractère propre à ma personnalité : ma
   joie de vivre, mon sens de l'humour,
   ma générosité…

2. Je pose quotidiennement des gestes
   concrets pour me faire du bien. Ça peut
   être aussi simple que d'aller faire une
   grande promenade. Pas facile de sortir,
   parfois, mais après je me sens si bien et je
   suis fière de moi.

3. Si je reçois un commentaire négatif,
   j'ai le courage de répondre : « Tu sais,
   quand tu me dis ça, ça me fait de la peine.
   Merci de ne pas faire de commentaire
   négatif sur mon apparence, ni sur celle
   de personne. »

Le bien-être et l'estime de soi

Printemps 2014

Depuis quelque temps, j'ai développé l'habitude de prendre mon café chez Cafellini, un endroit chaleureux que j'affectionne particulièrement. J'en profite pour jaser avec France, une des charmantes employées du café, pendant qu'elle me prépare mon *latte*.

— Merci, Saskia, me dit-elle un jour en me tendant mon café.
— Mais… de rien. Pourquoi est-ce que tu me remercies ?
— Parce que ta sortie publique sur l'importance de respecter et d'aimer son corps m'a aidée à changer le regard que je porte sur moi. Je suis maintenant plus douce envers moi-même et, surtout, tes interventions m'ont permis d'avoir des conversations à ce sujet avec mes filles et ça, ça vaut de l'or !
— Merci à toi, France, de me dire tout ça.

J'ai lu ceci quelque part :

 Jamais on ne regrettera d'avoir trop dit merci.

Le bien-être et l'estime de soi m'intéressent depuis longtemps. Mais c'est à l'aube de la quarantaine que je me suis positionnée à leur propos. Comme si, avant, je n'osais pas, peut-être à cause de cette peur de blesser, de choquer, de déranger. Souvent, en entendant des commentaires déplacés, je me suis sentie comme un presto sur le point d'exploser, mais je me suis retenue d'y répliquer.

Terminée, cette époque! Maintenant, je clame haut et fort la beauté de la diversité corporelle.

Autrefois, avoir des rondeurs au lieu de belles lignes me dérangeait; j'ai d'ailleurs passé une grande partie de mon adolescence dans un pantalon de jogging trop grand. Et mou! Je prétendais que c'était pour les cours d'aérobie que je donnais sur l'heure du midi. Mais, dans le fond, c'était une véritable tenue de camouflage! Ça me fâche quand j'y repense: j'ai perdu plusieurs années de ma vie à ne pas aimer mon corps. D'un autre côté, cette période de ma vie m'amène à apprécier encore plus la femme que je suis. Je pose maintenant un regard complètement différent sur mon corps.

Je le chéris. Je m'habille encore en mou, mais un mou qui met mes courbes en valeur. Et je ne prends pas soin de ma ligne, mais bien de mes courbes ! Qui font MOI !

Tristes statistiques

Saviez-vous que seulement 4 % des femmes dans le monde se trouvent belles ?

Depuis quelques années, je suis impliquée dans le Fonds d'estime de soi Dove, qui, de 2010 à 2013, a mené une étude très intéressante intitulée « La réelle vérité à propos de la beauté de Dove ». Les résultats montrent qu'à l'âge de 14 ans, plus de la moitié (55 %) des filles canadiennes se sentent déjà poussées à être belles. À 29 ans, ce nombre s'élève à 96 %. Après avoir atteint l'âge de 14 ans, les filles deviennent de plus en plus critiques de leur propre beauté. Alors que seulement 10 % des filles de 10 à 14 ans sentent le besoin d'être belles, ce pourcentage grimpe à 59 % chez les femmes de 18 à 64 ans.

Vous reconnaissez-vous dans ces chiffres ?

LE POIDS?
Sans commentaire!

Quand on se démarque dans son milieu de travail, quand on devient une personnalité « connue », on reçoit plus de demandes pour appuyer des causes et être porte-parole ou ambassadeur d'événements de toutes sortes. Pour ma part, je crois que c'est un honneur de soutenir les causes qui me tiennent à cœur et j'espère que ma participation sert à faire avancer les choses.

Entre autres, je suis très fière d'avoir été la porte-parole, en 2014 et en 2015, de la semaine Le poids? Sans commentaire!, initiée en 2012 par l'organisme ÉquiLibre (www.equilibre.ca) et financée par Québec en Forme et le ministère de la Santé et des Services sociaux. Le but de cette campagne? Vous mettre au défi de ne pas parler de poids pendant une semaine!

Parce que je vous le dis, et je me permets de l'écrire en lettres majuscules: LES COMMENTAIRES SUR LE POIDS SONT TROP PRÉSENTS DANS NOTRE QUOTIDIEN. On en parle comme on parle de la météo. C'est signe, selon moi, que notre préoccupation à l'égard du poids prend une place démesurée dans nos vies. Et c'est loin d'être sans conséquence, croyez-moi!

Qu'ils soient positifs ou négatifs, les commentaires sur le poids contribuent à augmenter l'insatisfaction corporelle en renforçant les normes sociales de minceur. J'ajouterai également ceci : les modèles de beauté qu'on nous suggère sont irréalistes et, surtout, au risque de me répéter, ce qui fait notre beauté, c'est notre différence !

🔍 lepoidssanscommentaire.ca

Je vous invite à prendre quelques minutes pour visiter le site de la semaine Le poids ? Sans commentaire ! (lepoidssanscommentaire.ca) et à réfléchir à la place qu'occupent les commentaires sur le poids (le vôtre… ou celui des autres !) dans votre quotidien.

J'en profite pour remercier l'équipe de l'organisme ÉquiLibre, qui, chaque jour, travaille très fort pour aider les jeunes comme les adultes à développer une image corporelle positive, une relation saine avec leur corps et la nourriture, et de bonnes habitudes de vie.

S'aimer aujourd'hui (et les autres jours)

J'ai lu cette phrase un jour : «Si vous ne vous aimez pas, qui pourra vous aimer ?» C'est un peu brusque, mais tellement vrai ! Heureusement, s'aimer, ça s'apprend. Voici quelques conseils pour y arriver :

1. D'abord, on arrête de se flageller et de se critiquer : bourrelet par-ci, gras de bras par-là, chevelure pas assez fournie, trop de poils en bas… Ah ! Misère ! On n'est jamais contentes ! Pourtant, on est comme on est, on a le corps qu'on a et on lui doit amour et respect.

2. Ensuite, on ne laisse PERSONNE nous faire des commentaires malheureux. «Tu as l'air fatiguée» n'est pas une remarque empathique, mais bien une critique. Je n'ai jamais vu personne dire «Tu as l'air fatiguée» et sincèrement offrir un coup de main pour alléger le fardeau de la personne en question. La majeure partie du temps, ce commentaire signifie : «Que tu es moche ! Ton cache-cernes a déménagé ?» Donc, les petites remarques critiques, pschitt ! Balayons-les du revers de la main. Pour ce faire, je vous suggère de trouver deux ou trois phrases

à répéter lorsque vous recevez des commentaires désagréables – et peut-être même à partager avec ceux qui les font !

Besoin d'inspiration ? Voici quelques idées :

- Ma valeur en tant que personne est définie par bien plus que mon poids et mon apparence physique ! D'ailleurs, les personnes que j'admire et que j'aime profondément ont cette valeur à mes yeux et cette place dans mon cœur pour leurs qualités extraordinaires, pas pour leur poids !
- Il y a tant de sujets à aborder avec ceux qu'on aime autres que le poids (le nôtre ou celui des autres !), pourquoi toujours en revenir à ça ? Pourquoi ne pas s'attarder à comment ils vont, réellement ?

3. Enfin, dressons la liste de nos qualités de cœur et de nos atouts, et profitons de ce beau capital. Le reste viendra. Par exemple, accepter qu'on a des courbes et réaliser du même coup qu'on a des jambes d'enfer, galbées à la perfection, ça donne du *swing* à une journée ! Reconnaître qu'on est une personne généreuse et que c'est pour cette raison, entre autres, qu'on nous aime fait le même effet… et ainsi de suite.

Pensons également aux enfants : les commentaires qu'on fait devant nos fils et nos filles sur notre apparence ou sur celle des autres leur polluent l'esprit. Sans compter qu'on sous-estime le mal que peuvent faire les allusions et messages directs sur leur propre estime d'eux-mêmes. Ce qu'il faudrait plutôt leur faire comprendre (et, tiens, comprendre nous aussi !), c'est que notre corps est précieux et fragile : il mérite d'être aimé, écouté, respecté, bien nourri. Il mérite aussi qu'on le fasse bouger, question de ne pas enrayer ses articulations ! Il est selon moi primordial de faire réaliser à nos enfants que chaque silhouette est porteuse de beauté.

Je mentirais si je disais que je suis toujours en paix avec mon apparence. Oui, parfois, je me sens moins bien, oui, il y a des matins où on dirait que le miroir est défectueux. Mais, ça aussi, c'est normal. On est des êtres humains et on vit de nombreuses émotions. Avec des hauts et des bas.

L'important, c'est de toujours se souvenir combien on est unique et merveilleuse.

Conseils d'amie
par la **D^{re} Stéphanie Léonard**, psychologue

Renforcer l'image de soi des enfants

✷ Entretenir, en tant que parent, un discours positif sur soi-même (ne pas se dénigrer, ne pas se comparer à d'autres et prendre soin de soi).

✷ Mettre l'accent sur ce qui définit la personnalité de notre enfant plutôt que sur son apparence.

✷ Avoir des discussions avec notre enfant sur le modèle de beauté irréaliste que la société nous propose (en parlant de ses jouets, des acteurs dans les émissions qu'il regarde, etc.).

✷ Expliquer à notre enfant le concept de diversité corporelle : le fait qu'on ne choisit pas notre enveloppe corporelle, qu'on est tous différents… et que c'est parfait ainsi !

Un peu de moi

Je suis tombée un jour sur un article de magazine qui recommandait de s'écrire une lettre à soi-même. S'écrire une lettre ? Je me sentais bien intimidée par ce projet. L'article expliquait qu'il est bon de prendre ce temps pour se rappeler qui on est, dans une lettre sans filtre, dans laquelle on est parfaitement sincère. Une lettre dans laquelle on a le droit de se rendre hommage. Une lettre qui fait en quelque sorte le bilan de notre vie. Cette lettre peut revêtir diverses formes, selon ce qu'on a envie de se raconter.

Cette idée m'a trotté dans la tête longtemps. Qu'est-ce que je pourrais bien me dire ? Moi qui aime tant écrire et qui ai rempli tant de carnets et de journaux intimes, je n'arrivais pas à aligner deux mots. Et puis, un jour où j'étais en congé, que les enfants étaient à l'école et que Pierre était en tournage, je me suis assise à ma table de travail. Je me suis fait un thé, j'ai mis de la musique en sourdine (l'album _No More Blues_ de Nathalie Albert, un classique pour moi quand j'ai envie de me sentir bien – je vous le recommande). Et je me suis mise à écrire.

« À ma naissance, il paraît que j'étais une petite poulette rose comme une gomme balloune. Je suis née le 7 mars 1973, trois semaines avant la date prévue.

C'est moi!

Tout ce que je sais, c'est que, dès mon premier jour, selon ce qu'on m'a raconté et ce dont je me souviens, j'ai eu soif de vivre, soif de comprendre la vie, d'aimer, d'être aimée, de rire et de danser ! Enfant unique entourée d'adultes, je me suis moulée à la vie des grands, et ça a un peu freiné ma spontanéité. Je suis devenue une grande fille rapidement, et j'ai mis de côté mon cœur d'enfant.

Pourtant, un cœur d'enfant n'a pas de malice, il est vrai, sans chichis ni mensonges… À 42 ans, je travaille tous les jours pour lui redonner une place, lui accorder plus d'importance ! Il m'arrive encore de saluer les vaches quand je suis en voiture, de dire bonjour aux oiseaux ou de danser en chantant très fort dans le salon !

Jusqu'à ma naissance, mes parents attendaient un garçon : je devais m'appeler Guillaume. Surprise! Vite, vite, il fallait trouver un prénom de fille! Comment m'appeler, donc? Mon père a inscrit les lettres *S-a-s-k-i-a* avec l'un des rouges à lèvres de ma mère sur le miroir de leur chambre à coucher.

— Saskia?
— Pourquoi pas?

Mon père est un original, doublé d'un grand amateur du peintre Rembrandt. Saskia était la femme et la muse de l'artiste. J'ai donc hérité de ce prénom exotique (que j'adore, mais qui a causé bien des maux de tête à mon entourage). Encore aujourd'hui, je dois expliquer plusieurs fois par jour l'origine de mon prénom, et répéter comment l'épeler : S-A-S-K-I-A. Même ma grand-maman adorée a eu de la difficulté à s'y faire : elle m'a appelée *Sanka* jusqu'à mes cinq ans. Comme le café!

Je me débrouillais assez bien à l'école, mais je restais tranquille dans mon coin. Je me comparais à mes camarades, filles de gens bien mieux nantis que ma mère, qui m'élevait seule. Me comparer à elles était pourtant une erreur : aujourd'hui, je réalise qu'on avait tout le bonheur possible. Ma mère m'a offert une enfance heureuse. On n'avait peut-être pas de maison ni de voiture, mais notre appartement était rempli de fous rires. Ma mère était entourée d'amies qui prenaient soin de moi, me dorlotaient, me catinaient… J'étais entourée de gens qui m'aimaient et m'appréciaient telle que j'étais, sans jugements. On m'a appris très jeune qu'il ne faut juger personne sur ses apparences; on ne sait jamais tout et on ne peut pas juger sans savoir.

En octobre 1983, un incendie a détruit notre appartement. Je m'en souviens comme si c'était hier… C'était par une magnifique journée d'automne. Ce soir-là, on avait soupé tranquillement toutes les deux; j'adorais mes repas avec maman, car on partageait de beaux moments de complicité, à rire et à bavarder. Ensuite, je me rappelle être allée prendre mon bain, et je me revois crier à ma mère que le shampoing était "brisé", qu'il ne moussait pas. Plus j'en ajoutais, moins ça moussait. Maman s'était trompée: elle avait acheté du revitalisant. J'avais les cheveux soyeux, croyez-moi! Et puis je suis allée au lit. Soudainement, au beau milieu de la nuit, ma mère m'a réveillée d'une voix paniquée:

— Vite, Saskia! Lève-toi. On doit sortir!
— Hein?
— Le feu a pris au sous-sol. On doit sortir!
— Quoi? UN FEU!

Je vivais un mauvais rêve, c'était certain.

— VITE! Pas le temps de t'habiller. On doit sortir!

J'ai senti la peur s'emparer de moi.

— Maman, tu viens?
— Non, descends, je te rejoins!

Je suis descendue pieds nus, effrayée. Je ne voulais pas laisser maman. Je criais: «TU VIENS? OÙ ES-TU?»

Elle a lancé mes souliers dans les escaliers et m'a ordonné: «Descends! J'arrive!»

Je l'ai écoutée, mais j'étais terrifiée. J'avais froid: je portais uniquement ma jaquette bleue à petites fleurs. De bons Samaritains nous apportaient, à moi et aux autres locataires, des couvertures et des manteaux.

Mais moi, je voulais juste ma maman.

Quand je l'ai vue franchir le pas de la porte, je me suis effondrée. Dans ses bras, je me sentais mieux, mais, en la voyant pleurer, mes sanglots ont repris de plus belle. De ce qui a suivi, mes souvenirs sont vagues. Je sais qu'on est allées dormir chez ma tante Nicole. Le lendemain, j'avais l'impression que tout ça n'était qu'un cauchemar mais, quand j'ai aperçu maman qui semblait anéantie, j'ai compris que rien n'allait. On n'avait pas d'assurance. On avait tout perdu. C'était infiniment triste. Or, le vent a tourné dès le lendemain : la direction de mon école, sœur Monique en tête, a fait appel à tous les parents d'élèves pour nous aider à nous réinstaller. Ils ont été d'une générosité exemplaire ; j'ai compris, à travers cette difficile épreuve, l'importance de l'entraide. J'ai été profondément touchée par cette vague de compassion, et d'autant plus bouleversée de voir combien elle rendait maman heureuse.

Des semaines auparavant, on avait reçu des billets pour aller voir la comédie musicale *Pied de poule*. Le lendemain du feu. Maman a décidé qu'on y assisterait quand même. « Ça nous fera du bien ! » m'a-t-elle dit pour me convaincre. Notre vie était complètement chamboulée, mais on avait toujours une vie, et elle continuait ! Les cendres de notre logement fumaient encore qu'on était assises dans nos sièges, au théâtre.

Je trouvais étrange de ressentir du plaisir alors qu'on n'avait plus rien, mais j'étais très heureuse de pouvoir me changer les idées. Ma mère est toujours allée de l'avant. C'est une femme positive : pas question de s'apitoyer sur son sort ! D'après moi, c'est l'une des plus belles qualités qui soient. Ce soir-là, le fait que je n'avais plus de vêtements n'a pas empêché maman de m'emmener voir *Pied de poule…* en jaquette ! J'ai chanté les chansons pendant des mois. J'ai même encore le vinyle à la maison. Et j'ai toujours un faible pour Marc Labrèche.

L'été de mes 12 ans, on a quitté Québec pour Montréal. J'ai trouvé le déménagement difficile, mais j'ai eu plusieurs déclics cet été-là : j'ai notamment compris que, chez moi, on n'avait pas deux salles de bain ni de piscine et qu'on ne regardait presque jamais la télé, mais qu'on avait de l'amour et de la confiance. J'ai alors arrêté d'être gênée de notre situation modeste. Au contraire, j'étais fière d'inviter mes amies à la maison, fière d'avoir une maman qui allait au bout de ses rêves en commençant une nouvelle carrière à Montréal. J'ai vécu une adolescence tranquille, très proche de ma mère, forcément. Je lui disais tout !

— Tu sais, Saskia, tu n'es pas obligée de tout me dire. Garde des choses pour toi ! m'a-t-elle recommandé un jour.

— Ah?

À 14 ans, j'ai connu mon premier amour, Sean. Je ne mangeais plus, je ne dormais plus : attention, j'étais amoureuse ! Plus rien n'existait, sauf lui ! Sean a été un bon amoureux. Il était poli, gentil et respectueux, et il m'a beaucoup aidée à développer ma confiance en moi. Comme premier amoureux, je ne pouvais pas trouver mieux. Je l'aimais tellement ! Et, croyez-moi, dans cette histoire, je n'ai pas tout dit à ma mère : j'ai gardé de petits bouts pour moi ! (Désolée, maman !)

C'est à cette époque que j'ai quitté l'école privée pour l'école publique. C'était la première fois que j'étudiais avec des garçons. Oh *boy* ! Je les trouvais parfois tellement méchants. C'est là que j'ai commencé à réaliser à quel point l'image corporelle est importante. Comme je ne correspondais pas aux standards de beauté (1985 : la sculpturale Kelly LeBrock faisait tourner la tête aux gars dans *Une créature de rêve*), je n'échappais pas à la moquerie. Je me souviens qu'on disait : « Ah, Saskia, elle est belle, mais… » Mais quoi ! QUOI ? ? ?

Maintenant que je suis devenue une "grande fille", je suis heureuse et fière d'avoir cru en moi. J'ai tracé mon chemin, un chemin parfois sinueux, mais qui allait toujours vers l'avant. Parfois, j'ai eu envie de déposer mon bagage, d'arrêter de sourire… Mais

il y avait toujours une force invisible pour me soulever quand j'avais envie de baisser les bras. Même
si le manque de confiance semble omniprésent dans
ma vie, je trouve toujours le moyen de le repousser et
d'avancer.

Finalement, j'ai toujours suivi mon cœur, mes in-
tuitions. Jusqu'à maintenant, ça m'a bien servie. Le
chemin de ma vie n'est peut-être pas toujours tranquille; les dernières vagues à avoir frappé ont frappé
fort. Vivre une séparation n'était pas dans mon
"plan de match": j'espérais rester la fière maman
d'une famille unie et heureuse dont les membres
vivent sous le même toit. Je suis encore en apprentissage de ce nouveau statut de mère-célibataire. Mais
j'aime prendre mon destin en main, et, si quelqu'un
d'autre décide pour moi, je m'arrange toujours pour
tirer le meilleur parti de la situation et être en paix
avec toute décision. »

J'ai pris la résolution de m'écrire une lettre à chaque
début d'année. C'est une belle façon de faire une in-
trospection, de voir le cheminement accompli. Je le
recommande à tous !

Vivre sous le regard des autres

Récemment, j'ai entendu en entrevue une personnalité très médiatisée qui disait: «Au début, quand on commence notre carrière dans les médias, on a ce désir qui nous habite, tout à fait honnête, que les gens nous connaissent et nous reconnaissent. Et, d'un autre côté, lorsque ce jour arrive, il survient un moment où on a moins envie que les gens se retournent dans la rue sur notre passage, qu'ils nous parlent, qu'ils soient intéressés par nous. Un moment où, finalement, on aurait envie de pouvoir revenir à l'anonymat.»

Eh bien… parfois, c'est vrai.

Heureusement, au Québec, les gens sont extrêmement respectueux de la vie privée des personnalités publiques. Mais, à certains moments, ça peut devenir… En fait, ça devient quelque chose de plus avec lequel composer dans le quotidien.

Une dame, l'autre jour, me disait: «On sait ben, vous autres, les vedettes, vous avez plein d'argent, pis vous pouvez toujours vous payer tout ce que vous voulez. Vous ne faites pas ça, vous autres, le lavage pis le ménage!» Ça m'a bien fait rire parce que c'est totalement faux! On n'est pas aux États-Unis, ici; on est au Québec et, pour gagner sa croûte, il faut travailler extrêmement fort. Et ce n'est pas parce qu'on fait de la télévision ou qu'on travaille dans le milieu des médias qu'on a moins de responsabilités au quotidien. Je peux vous l'assurer!

Et, comme vous, si un matin je me réveille un peu moins en forme que d'habitude, si les enfants ont été moins aidants, si mes planètes sont complètement désalignées, il se peut que je n'aie pas envie de faire la conversation à un passant dans la rue qui vient de reconnaître «la fille de la télé avec un drôle de nom». Ces matins-là, je ne suis qu'une mère qui essaie de faire de son mieux, dans sa bulle.

Quand ça va mal, disons-le!

Dans ces moments, comme je tiens à éviter de passer pour une fille hautaine ou de me faire reprocher mon attitude distante, je verbalise ce que je ressens. Il n'y a rien comme exprimer les choses qui vont mal pour nous: soudainement, on se sent soulagée, et c'est comme si tout allait mieux.

J'exprime aussi comment je me sens au travail. Je sais qu'il est important, en tant qu'animatrice, que je sois de bonne humeur pour créer un mouvement positif et joyeux dans l'équipe. Mais bon, il arrive à tout le monde de se lever du pied gauche. Alors, je l'exprime : « Il s'est passé ceci à la maison ce matin. Je ne suis pas bien, ça me préoccupe. Je suis désolée de ne pas être hop la vie ; je vais essayer de faire en sorte que mon humeur vous influence le moins possible. Donnez-moi un peu de temps : je vais me remettre. » M'exprimer évite que tout le monde chuchote dans son coin : « Coudonc, qu'est-ce qu'elle a, Saskia, ce matin ? » Certains pourront dire que j'apporte mes problèmes personnels au boulot ; je pense plutôt que cette façon de faire permet d'alléger l'atmosphère au travail et même de trouver des pistes de solution pour régler la situation à la maison. Je vous ai dit que je suis une fille de communication et que je me nourris au contact des autres ! Et comme mes émotions paraissent toujours sur mon visage, aussi bien être transparente.

Dans le respect, bien entendu.

Notes

L'amitié

Marie-Josée, Véronique,
Marie-Pierre et moi.

Ma Marie-Pierre à moi

Juin 2015

C'est une journée fraîche et grise. Généralement, cette température influence mon moral, mais aujourd'hui je vais bien. Même si la journée a commencé trop tôt à mon goût, je suis de bonne humeur : les enfants étaient en pleine forme ce matin, ce qui a facilité notre routine. Youpi ! En plus, Pierre et moi avions rendez-vous à la caisse populaire, où on a réglé un problème qui traînait depuis un an. Changer sa marge de crédit hypothécaire à taux d'intérêt élevé pour un prêt hypothécaire à taux d'intérêt modéré, ça aide à se sentir plus riche, et ça fait du bien au moral, ça aussi. (Mon conseil : allez donc discuter un brin avec votre conseiller financier !)

Une fois le dossier réglé, Pierre et moi, on va luncher. On décide d'essayer un nouvel endroit, la Brasserie Bernard, un joli bistro à l'ambiance fort sympathique. (Car, disons-le franchement, un beau resto sans ambiance, c'est pas mal moins intéressant.) Assis côte à côte, Pierre et moi prenons le temps de discuter, on profite de cette parenthèse dans nos vies occupées. Ça ne dure pas longtemps : aussitôt son saumon aux lentilles avalé, Pierre file à sa répétition de théâtre. Régler des dossiers financiers le rend heureux, mais jouer encore plus : aujourd'hui, l'homme et l'acteur sont comblés.

Bon, me voilà seule au resto. Argh ! je n'aime pas trop ça… Je m'en vais ou je reste ?

Je reste. C'est le moment de respirer, d'étirer mon café. Les enfants ne rentreront pas de l'école avant quelques heures : j'ai du temps pour moi. Et puis… j'ai un carnet tout neuf dans mon sac ! J'observe discrètement un groupe de femmes assises à une table plus loin. Des amies, c'est clair. Elles parlent de tout et de rien, semblent heureuses. J'ai l'impression qu'elles ne se sont pas vues depuis longtemps. Leur amitié semble toutefois solide, de celles qui résistent au passage du temps – même si on ne voit pas une vraie amie pendant des lustres, l'attachement reste fort et véritable.

Marie-Pierre et
moi à 15 ans

Je pense tout de suite à ma graaande amie Marie-Pierre, graaande parce qu'elle mesure six pieds un pouce nu-pieds et parce que son cœur et graaand comme la Terre, mais aussi parce qu'on est inséparables depuis nos 14 ans.

Marie-Pierre a su me charmer dès notre première rencontre. Elle m'a toujours suivie dans mes aventures, a toujours été là pour m'encourager : on en a passé, des heures, à jaser et à se promener à droite et à gauche ! Je l'aime très fort, cette femme ! Si je compare ma vie à un arbre, Marie en représente l'une des racines les plus profondes.

Malgré tout, comme dans bien des amitiés, la nôtre a connu son lot de passages nuageux. On a même arrêté de se parler pendant un moment, je ne me rappelle même plus pourquoi. Je sais par contre que je n'aurais pas pu reprendre notre amitié s'il s'était agi d'une méchanceté, d'un mensonge ou d'une trahison.

Pendant les mois où on a été séparées, j'ai eu beaucoup de peine. Je ressentais un énorme vide, que même Pierre, que je venais de rencontrer, ne pouvait pas combler. Un soir, j'en ai eu assez.

— Bon ! Ça va faire ! Je m'ennuie de Marie !

— Eh bien… Qu'est-ce que tu attends ? m'a demandé Pierre. Invite-la à souper !

Une semaine plus tard, elle venait chez moi avec son nouvel amoureux… et leur chien ! Moi qui lui parlais 20 fois par jour avant notre différend, je trouvais que sa vie avait changé. Mais à l'instant où on s'est revues, j'ai tout de suite su que tout serait comme avant. Bien sûr, on aurait éventuellement une discussion pour remettre les pendules à l'heure, mais je retrouvais MA Marie-Pierre. J'étais heureuse !

J'ai réalisé grâce à cet épisode à quel point l'amitié est précieuse. L'amitié, la vraie, je la vis avec mes copines qui sont comme des sœurs ! Maintenant Marie-Pierre a trois enfants et vit près de Gatineau. On ne se voit pas aussi souvent, mais nos retrouvailles sont toujours synonymes de fêtes.

Marie-Pierre
et moi

Conseils d'amie
par la **D^re Stéphanie Léonard**, psychologue

. . . .

Indispensable, une meilleure amie ?

Le rôle de l'amitié dans notre vie n'est pas banal. Les personnes qui entretiennent des amitiés importantes semblent être plus heureuses et en meilleure santé mentale, et posséder une meilleure estime de soi que celles qui n'ont pas la chance d'avoir de réels amis.

L'amitié, la vraie, représente bien plus que la simple bonne entente. Elle existe réellement lorsque se développe un sentiment d'affection entre deux personnes et que ce sentiment est imprégné de bienveillance, de courtoisie, d'empathie et de gentillesse.

Est-il essentiel d'avoir une *meilleure* amie ? Je ne crois pas. Par contre, entretenir des relations d'amitié est essentiel à une certaine forme d'équilibre. Certaines amitiés sont basées sur les confidences, d'autres sur des activités partagées ou liées à des contextes, comme le travail. Les bonnes amies sont celles avec qui on se sent à l'aise d'être soi-même et en qui on a confiance. Mais, comme dans toute relation, les relations d'amitié connaissent habituellement leur lot de frictions et de mésententes. Surmonter les périodes plus creuses, s'expliquer, se comprendre et continuer… c'est souvent ce qui forge les meilleures amitiés !

L'amitié, ça s'apprend...

Les amis de nos enfants, sans qu'on s'en rende réellement compte, finissent par faire partie de nos vies. En tout cas, les copains et copines de mes mousses sont très présents : s'ils ne sont pas physiquement à table avec nous, j'en entends parler matin, midi et soir. Justement, il y a quelques minutes à peine, Simone a tenté de parler à sa copine Alicia, notre voisine.

— Maman, Alicia ne peut pas venir. Elle dit qu'elle est malade. Je ne sais pas si c'est vrai.
— Voyons, Simone ! Pourquoi est-ce qu'elle inventerait ça ?

Et me voilà en train d'expliquer les bases d'une amitié solide à ma puce. Que c'est une relation de respect, de franchise et de sincérité. Qu'on ne ment pas à son amie et qu'on ne doute pas d'elle. Qu'on profite du temps qu'on peut passer ensemble, mais qu'on n'est pas obligées de passer *toutes* les minutes de nos vies ensemble. Que notre amie ne nous appartient pas et qu'on ne peut pas exiger qu'elle joue uniquement avec nous. Qu'on veut entretenir une complicité avec elle, mais qu'il faut parfois faire des compromis : elles doivent s'entendre sur les jeux qu'elles font pour que chacune ait du plaisir. Que pour que ça fonctionne, il faut s'écouter, partager, savoir s'apprécier, et accepter que notre amie ait sa propre vie.

Je vois bien dans les yeux de Simone que j'ai mis beaucoup trop de mots dans mes phrases. Pas certaine que le message ait passé… mais ma fille a toute la vie pour apprendre l'amitié.

Bon. Est-ce que c'est l'heure de l'apéro, maintenant ?

Je me demande bien ce que font mes copines « à moi » à cette heure.

Karine, Stéphanie et moi

Je t'aime, mon amie

Je suis enfant unique. Je n'en ai pas tant souffert, du moins je ne le crois pas. Je n'ai pas souvenir de m'être sentie seule, mais je sais une chose, par contre, c'est qu'en vieillissant, je souhaitais fonder une famille et avoir au moins deux enfants pour voir ce lien précieux d'attachement entre eux. Bien sûr, mes enfants se chamaillent mais, le soir, on prend souvent le temps de discuter, et je leur répète que, peu importe ce qui arrivera dans leur vie, ils auront toujours leur frère ou leur sœur sur qui compter, et que le lien familial reste plus fort que tout.

Comme enfant unique, j'ai développé une relation presque fraternelle avec mes amies. L'amitié est l'un des fondements de mon bien-être. Elle occupe une grande place dans ma vie. Je conserve des copines connues il y a plusieurs années ; j'ai aussi de nouvelles amitiés. Des amies que j'ai retrouvées par l'intermédiaire des réseaux sociaux, et d'autres avec qui je jase par-dessus la clôture de ma petite maison de banlieue. L'amitié et le bon voisinage sont souvent synonymes d'entraide, et ça, ça n'a pas de prix.

Arrive la question qui tue (venant de la femme qui s'est récemment séparée de son amoureux) :

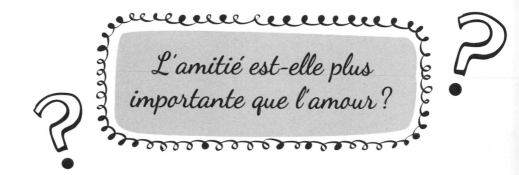

L'amitié est-elle plus importante que l'amour ?

Hum.

Non, je ne pense pas.

Il est certain qu'être entourée de bonnes amies, sur qui on peut compter et qui peuvent compter sur nous, est primordial. Cela dit, je ne révèle pas tout à mes amies. Comment je l'expliquerais à ma fille Simone, donc ? Je lui répéterais les paroles de ma mère : on n'est jamais obligée de tout dire à quelqu'un.

Moi, ce n'est pas pour entretenir le mystère que je m'abstiens parfois de parler, mais par peur d'embêter mes proches. Tout le monde est tellement occupé ! Si ce n'est pas le travail, ce sont les activités des enfants, les fêtes familiales, les commissions et la maison. N'empêche, prendre le temps de se dire « Hé ! Comment ça va ? T'es dans le jus ? Moi aussi ! OK, c'est pas grave, on se voit bientôt ! » est réconfortant.

Mes rencontres avec Séda et Stéphanie, avec Karine ou avec Marie-Josée me font toujours du bien. On se retrouve généralement au bout d'un mois. À cette occasion, on se lâche lousse, on a du *fun*, on dit des folies, on s'amuse et on rit aussi fort que lorsqu'on est devenues copines toutes jeunes. On se fixe aussi parfois des rendez-vous autour d'un café ou d'un lunch, une belle façon de nous mettre à jour dans nos vies mouvementées… et de décrocher.

Parfois, Laurence et Simone nous regardent faire, mes copines et moi, et ils trouvent que les adultes rient vraiment pour des niaiseries. J'aime leur rappeler que j'ai déjà été jeune, moi aussi. Avant d'être leur maman, prête à tout pour combler leurs moindres besoins, j'étais l'amie de Stéphanie, de Marie-Pierre et de Séda… J'existais autrement! Je regarde le visage en point d'interrogation de mes enfants et je laisse planer le doute sur tout ce qu'implique être une Saskia-pas-d'enfants…

Puis, je fais un clin d'œil à mes amies et on se fait un tchin-tchin à nous, juste à nous!

Mes amies et moi ne sortons pas souvent, mais à l'occasion on aime bien se retrouver autour d'une table avec un verre de *vino* et un grand verre d'eau, sans bouffe à préparer ni à ramasser.

Mes amies, mes sœurs

Je le disais plus tôt, mes amies sont comme ma famille. Du coup, elles se retrouvent les « matantes » de mes enfants ! Elles sont fabuleuses. On s'accompagne mutuellement dans les beaux moments, mais aussi à travers les tempêtes, les défis et les nouveaux projets. Je vous les présente :

Stéphanie, qui a lancé à l'automne 2015 le recueil de témoignages *Miroir Miroir – Vivre avec son corps*, auquel j'ai participé. Elle est présente dans ma vie, mais aussi dans ce livre, comme vous l'avez sans doute remarqué : à titre de psychologue, elle signe certains « Conseils d'amie », dont ceux des pages 44 ou 60.

Karine, qui s'est aussi investie dans ces pages : grande amoureuse de bouffe devant l'Éternel, elle partage avec nous quelques-unes de ses bonnes recettes, que j'ai eu le plaisir de goûter. Wow ! On veut tous une

Mon amie Karine

amie comme elle, qui cuisine comme une déesse (*voir page 238*)! Polyvalente, elle s'occupe aussi de mon site Internet avec amour et talent.

Marie-Anick, maman de trois enfants, qui a de l'énergie à revendre et des projets encore plus fous que les miens. Oui, oui! Marie-Anick est pourtant toujours là pour rendre service. Tout ça entre deux «*runs* de taxi» pour ses filles, ou pendant la planification d'un repas pour 14 personnes! Vous pensez que *je* déplace de l'air? Pfff…

Séda, pour qui j'ai eu un coup de foudre amical à 17 ans. Séda est une fille zen, terre à terre. Toujours prête pour une nouvelle aventure ou une bonne blague. À ses côtés, on se sent bien, on respire et on profite de la vie.

Stéphanie, moi et Séda

Caroline, Anne-Marie, Sophie, Ginette, Brigitte, Céline, Marie-Josée, autant de bonnes amies qui, toutes à leur façon, changent ma vie, me permettent de la voir autrement, m'inspirent. Ces amitiés sont synonymes d'équilibre pour moi, elles sont très rassurantes…

On sort en ville !

Voici quelques endroits de Montréal où j'adore siroter un verre, me régaler et jaser avec les copines :

✬ **Pullman – bar à vin** (3424, av. du Parc, Mile End) On y offre de succulentes tapas, toujours aussi délicieuses et surprenantes qu'à l'ouverture, il y a 10 ans.

✦ **Leméac** (1045, av. Laurier Ouest, Outremont) Bistro français que je placerais dans la catégorie « resto *fancy* », mais où tout est tellement bon qu'il vaut la peine d'y aller au moins une fois. J'adore son ambiance et son emplacement sur la très agréable avenue Laurier. Le propriétaire a tenu le Spaghettata, où j'ai travaillé de 18 à 23 ans. Ça crée des liens !

✬ **Pizzeria Napoletana** (189, rue Dante, Petite Italie) Une des premières pizzerias à Montréal. Apportez votre vin et votre bonne humeur, ça grouille là-dedans ! Tellement populaire qu'on y voit souvent des files d'attente sur le trottoir.

✦ **La Champagnerie – bar à sabrage** (343, rue Saint-Paul Est, Vieux-Montréal) Les bulles sont la spécialité de la maison, ce qui est sympa à l'occasion. Le menu est aussi hyperalléchant.

Vivez-vous ce type de relation dans votre vie? Comment ça se passe avec vos amies?

Et si vous preniez quelques instants pour les saluer aujourd'hui et leur rappeler combien vous les appréciez?

Et mes précieuses voisines !

En m'installant à Saint-Bruno, en 2005, j'ai développé un nouveau cercle d'amis avec mes merveilleux voisins. Je suis consciente que ce n'est pas le cas dans toutes les rues: plusieurs voisins, en ville comme en banlieue ou à la campagne, ne s'adressent pas la parole ; à peine se font-ils un petit salut de courtoisie. Par peur d'être envahis, par discrétion… ou simplement par manque de temps pour s'investir? Quoi qu'il en soit, je ne recommande évidemment pas de forcer la bulle de personne : le respect avant tout.

Avec les miens, de voisins, je suis choyée. Marie-Josée, Véronique et Francis, Carol et Jenny… C'est toujours un bonheur de faire le plein de nouvelles entre deux pelletées de neige, d'échanger un surplus de conserves maison contre une assiette de biscuits, de jaser un brin et de s'entraider. Refaire le monde pendant que nos mousses jouent au hockey ou font du vélo, quel plaisir! Vous me connaissez, je suis toujours partante pour une jasette, et plus on est nombreux, plus on est heureux !

Je pense à ces trois voisins, dans ma rue, qui jouaient au badminton le vendredi soir : ils s'y rendaient ensemble, ramenaient les enfants des uns et des autres et, la plupart du temps, tout ce beau monde finissait par manger ensemble dans un grand souper collectif. Une belle façon de commencer la fin de semaine et qui est devenue une tradition. Le bon voisinage, c'est franchement agréable. En plus, depuis ma séparation, comme il arrive que je me sente plus seule, savoir que des voisins aimables sont tout près me rassure.

D'ailleurs, si je lançais une invitation pour un souper à la bonne franquette ce soir ?

Ma chère voisine et amie Marie-Josée

Des amitiés éphémères

Au fil des années, *Décore ta vie* m'a permis de rencontrer des centaines de personnes toutes plus intéressantes les unes que les autres, avec qui j'ai noué des liens, mais éphémères. Une fois le tournage terminé et le matériel remballé, je me retire de leur vie sur la pointe des pieds, et il est rare que je revoie ces personnes chez qui je suis allée et dont je connais l'histoire, l'intimité de la maison. Des amitiés d'une journée, j'en ai connu des dizaines et des dizaines. C'est assez spécial.

Tenez, par exemple, aujourd'hui, on était en tournage chez Rénald et Christine. Un super beau couple. Il n'a pas fallu plus de quelques minutes pour qu'on se retrouve en grande conversation, appuyés au comptoir de la cuisine comme si on s'était connus toute notre vie.

Christine m'a raconté un peu comment était sa vie de maman. Puis, Rénald est allé s'asseoir au piano et, pendant que l'équipe se mettait en place, il nous a joué des mélodies. J'ai pris deux minutes pour savourer l'instant: ces gens qu'on ne connaissait ni d'Ève ni d'Adam ce matin même nous accueillaient de façon extraordinairement sympathique. Je me trouve extrêmement chanceuse, non pas de parler de ma vie (même si oui, c'est plaisant de parler de soi et de raconter ses propres aventures), mais d'entendre les autres, d'apprendre leur façon de faire dans telle ou telle situation, de regarder la vie à travers leurs yeux. Je trouve ça nourrissant. Oui, c'est une façon de se comparer, mais c'est surtout une façon de suivre l'exemple des autres. Souvent, je m'inspire des participants de l'émission et j'applique certaines de leurs méthodes ou idées dans ma propre maison. À chaque nouvelle rencontre, je gagne quelque chose, je retiens un détail plaisant. Je m'en nourris.

Ce dont j'avais envie, ici, c'est de saluer toutes ces amitiés d'un jour apportées par *Décore ta vie*. On est à près de 730 émissions. Et avec *Des rénos qui rapportent gros*, pour le moment, j'ai visité une quarantaine de maisons. Je pense à toutes ces personnes qui, au fil de ces années, nous ont accueillis sous leur toit. J'avais envie de leur dire comment nos moments de complicité m'ont rendue heureuse. Certaines histoires m'habitent plus longtemps que d'autres, certaines personnes s'accrochent plus longtemps à ma mémoire, et je suis toujours ravie de les revoir pour leur demander si elles vont bien, si elles vont mieux.

Ce n'est pas parce que les amitiés sont éphémères qu'elles ne sont pas sincères.

N'hésitez pas à me faire un coucou si jamais on se croise quelque part ! Je prendrai plaisir à vous revoir !

Boules de poils

Quand j'étais petite, je rêvais d'avoir une bibitte à poils à la maison, ou même une bibitte à plumes. Je désirais ardemment avoir un animal de compagnie – peu importe l'animal – à qui je pourrais me confier, contre lequel je pourrais simplement me coller. J'ai eu une perruche que j'ai essayé d'apprivoiser. J'ai aussi eu une chatte qui s'appelait Sophie. Elle était adorable. Mais avec les enfants, je n'avais pas encore cédé à l'adoption d'un animal de compagnie.

Puis, à l'été 2014, on a gardé le bébé hamster de mon amie Marie-Josée. Cette petite Célestine a bouleversé notre vie. Les enfants ont adoré prendre soin de cet animal. Elle était minuscule. Vraiment petite. Pas le genre à prendre beaucoup de place… ni à demander beaucoup de soins…

— Pierre?…
— Mmh?
— Je sais que les chats et les chiens à la maison, c'est hors de question, mais…
— Mmh?
— … disons une petite boule de poils de rien, qu'est-ce que tu en dis?

On a commencé à faire des recherches pour trouver quelle petite bête on pourrait adopter qui serait facile à faire garder lorsqu'on part en voyage. On s'est promenés dans les animaleries et on est tombés nez à nez avec deux petits cochons d'Inde absolument mignons. Deux frères à poils longs, trop, trop chou! Pierre et moi, on s'est regardés du coin de l'œil.

— OK, Saskia, on prend les deux!

Voilà un papa extraordinaire: un animal pour chaque enfant, pas de chicane dans la cabane! Laurence en a baptisé un Google, et Simone est tombée amoureuse de Kiwi. Mais, en réalité, les cochons d'Inde sont à toute la famille.

Évidemment, c'est moi qui me retrouve à nettoyer la cage et qui dois veiller à ce qu'ils aient de la nourriture et de l'eau. Mais bon, les enfants m'aident quand même à en prendre soin et, pour le reste, ça me fait plaisir de faire plaisir à mes amours. En outre, je les aime bien, les deux p'tits cochons poilus, ils sont si mignons! Et quand on part en voyage, l'animalerie où on les a achetés, Tropicazoo, les prend en pension.

La maman est contente.

(Un conseil, cependant: assurez-vous, si vous optez pour deux animaux, qu'ils soient de même sexe. Pensez-y: aimeriez-vous vous retrouver à la tête d'un élevage de petits cochons d'Inde qui se sont reproduits sans vous demander la permission? Non, bien sûr. De plus, posez-vous la question si vous êtes prête à vous engager dans cette relation maîtresse-compagnon pendant des années. Un cochon d'Inde vit environ sept ans. Vos enfants sont peut-être sur le point de quitter la maison pour aller étudier en ville. C'est alors vous qui vous occuperez de nettoyer les cages toute seule!)

Laurence et Google

Simone et Kiwi

Conseils d'amie

par **Magalie Lebrun**,
coach familiale et conférencière

Un ami au poil

Il nous est tous arrivé, en tant que parents, de voir notre merveilleuse progéniture nous implorer d'adopter un animal de compagnie. C'est un pensez-y-bien : il faut tenir compte de toutes les considérations pratiques et, dans notre quotidien déjà bien rempli, il s'agit de responsabilités qui s'ajoutent et dont on se passerait volontiers. En revanche, l'adoption d'un animal a une incidence positive réelle sur les enfants.

- L'animal devient un **confident** à l'amour inconditionnel, ce qui renforce l'estime de soi des enfants.
- Le fait que notre petit s'occupe de son animal de compagnie augmentera sa **confiance en soi** et permettra l'apprentissage de l'**autonomie** et de la **responsabilisation**. Attention, toutefois : il aura quand même besoin de votre aide car, même avec les meilleures intentions du monde, un enfant est rarement en mesure de prendre soin seul d'un animal.

ooo

○ ○ ○

☆ L'animal permet l'acquisition des concepts d'**auto-contrôle**, puisque l'enfant doit l'approcher douce-ment, faire attention à la manière avec laquelle il le manipule.

✱ L'animal est merveilleux pour **diminuer l'anxiété et le stress** de toute la famille. Il permettra aussi d'affronter de nouvelles situations et de surmon-ter certaines peurs.

☆ L'animal peut **diminuer les signes de dépression** et amène de la **joie de vivre**. Sans compter qu'il permet de **briser l'isolement** (quand on sort pro-mener le chien, par exemple). Il peut permettre de découvrir et de développer de nouveaux centres d'intérêt.

Notes

Les enfants

Mes poulets !

Régler son enfance avant d'avoir des enfants

Comme vous, j'ai ce que j'appelle un «bagage de vie». Dans ce bagage chargé de 40 et quelques années se trouvent de magnifiques moments, mais aussi d'autres moins doux, que j'ai déjà voulu rayer de ma mémoire. Et puis il y a ceux que j'ai souhaité accepter pour faire la paix avec mon passé.

J'ai ressenti le grand besoin de faire le ménage de mon bagage avant de m'investir tout entière dans une relation à long terme, et surtout avant de fonder une famille. Ce grand débarras, je l'ai fait grâce à l'écriture, grâce à l'aide de psychologues, grâce à mon entourage qui m'a écoutée patiemment.

Puis, un jour, Pierre m'a dit une phrase toute simple, frappante de justesse, qui m'a aidée à prendre certains morceaux de mon enfance, à les mettre dans une valise et à ranger cette valise une fois pour toutes:

 Tu sais, Saskia, tu ne serais peut-être pas la femme que tu es si tu n'avais pas vécu cette jeunesse.

Boum! Vrai. J'ai ainsi accepté en bloc cette portion de bagage, et j'ai décidé d'aller de l'avant. Et on a eu des bébés.

C'était il y a plus de 12 ans et j'y pense encore. Même si ma valise est rangée, je l'ouvre parfois et je me demande si notre personnalité est programmée à la naissance ou si elle se développe avec le temps. Était-il prévu que je passe par cette réflexion sur la paix avec mon enfance avant de fonder une famille? Je n'en sais rien, mais une chose est certaine, c'est que j'ai appris à aimer la femme que je suis devenue. Je ressens le besoin de vivre, de foncer, de bouger, et ce, même au risque de déranger.

Bien sûr, il m'arrive de me remettre en question, c'est humain. Mais je garde le cap et je regarde en avant, en posant un regard indulgent sur mon passé et un regard aimant sur la femme que je suis devenue.

Tous les soirs à l'heure du dodo, quand mes petits amours sont prêts pour la nuit, je m'installe près d'eux pour jaser. Parfois, il ne se dit rien de bien profond: on est juste ensemble, on se taquine, on se chatouille et on se dit bonne nuit. À d'autres moments, selon les événements de la journée, la discussion devient plus sérieuse. Je reçois des confidences qui ne se feraient pas à l'heure du souper, dans le brouhaha.

Une fois, par exemple, mon Laurence s'est retrouvé dans une situation qui l'a mis mal à l'aise. Je sentais qu'il souhaitait ne pas décevoir son entourage, qu'il était vraiment mal pris et ne savait pas comment agir. (Bien sûr, je ne vous révélerai pas de quoi il s'agissait : mon fils a droit à ses secrets !) Ce soir-là, j'ai réalisé que cette situation, je l'avais aussi vécue et qu'à l'époque, moi non plus, je n'étais pas outillée pour y faire face. Je me suis donc replongée dans mon enfance et j'ai dit à mon fils ce que j'aurais aimé entendre à l'époque :

« Malheureusement, il est impossible de plaire à tout le monde. Mais sois franc avec toi, sois vrai, sois authentique tout en étant respectueux. En sachant ça à 10 ans, tu auras dans ton bagage un outil fabuleux pour faire ton chemin dans le monde adulte. »

Je souhaite que les outils que j'offre à mes enfants les aident à se tracer un bon chemin tout au cours de leur vie, et j'espère qu'ils n'auront pas trop de blessures à guérir. On aura beau me donner la plus magnifique carrière qui soit, mon travail le plus important est d'être une bonne mère et de fabriquer à mes poussins la plus belle enfance possible. Même si je sais que je ne peux pas les protéger de tout, je peux les accompagner...

Les cœurs de Simone

114

L'écœurantite aiguë

J'éprouve rarement des écœurantites aiguës. Mais, quand ça m'arrive, même si elles ne durent pas longtemps, elles sont intenses en titi. Dans ces moments-là, je suis généralement tannée de tout. Me faire pomponner devient une responsabilité au lieu d'un plaisir, c'est tout dire.

Je résiste mal à la fatigue : je deviens rapidement hors service. Dans ce temps-là, je m'auto-insupporte ! C'est pourquoi je me couche tôt, d'autant plus depuis que j'occupe le poste de *morning woman* à la radio. Je me suis aussi rendu compte que j'absorbe une partie de la fatigue des enfants, surtout quand la fin des classes arrive. Chaque année, c'est le stress des examens, le stress de terminer les classes, le stress du camp de jour qui s'en vient, l'excitation liée à tout ça qui agite les corps, le soleil qui se couche plus tard et qui fait qu'on ne peut plus mettre les enfants au lit à 19 h 30 comme en hiver… Moi aussi, ça me rentre dedans.

Le matin, ça me prend tout pour les réveiller, et ça prend tout pour les sortir du lit. Quand c'est fait, d'autres défis s'enchaînent. L'autre jour, Simone était devant ses tiroirs, plantée là sans bouger. On s'entend, ce n'était pas parce qu'elle était prise au dépourvu devant des tiroirs vides : cette enfant-là a plus de vêtements que moi. Peut-être trop, d'ailleurs ! Je voyais bien qu'il ne se passait rien ; son visage était tout simplement dénué d'expression. On aurait pris sa tension, il n'y aurait eu aucune pulsion. Plus rien, terminé. Puis, elle s'est mise à pleurer.

Bon, quoi encore ?

— Maman ! Je sais pas quoi meeettre !

(Imaginer ici ton chigneux à faire grincer des dents.)

Hein ? BEN LÀ !

Puis, j'ai compris qu'elle était tout simplement trop fatiguée pour même prendre la décision de se choisir un t-shirt, un legging et une jupette. Oh, ma poulette, moi aussi, ça m'arrive ! J'ai beau être une femme indépendante, il y a des jours où je suis tellement à bout des responsabilités que choisir une tenue m'énerve. Oui, dans ces moments-là, je l'avoue, j'aimerais que ma mère me sorte mon p'tit *kit*, juste pour ne pas avoir à y penser moi-même.

Avec Laurence, c'est pareil. Incapable de sortir du lit du lundi au vendredi, mais debout sur le piton à 6 h 30 la fin de semaine, au moment où *moi*, je voudrais bien dormir. C'est un complot.

Et tout ça m'épuise. Respire, Saskia, respire…

Cette année, on a tous hâte aux vacances, à la routine qui sera un petit peu moins rigide, à la tranquillité. On est moins pressés par le temps l'été, même si on fait toujours plein de choses. Mais ce sont des choses qui nous permettent de nous ressourcer : si on se couche plus tard parce qu'on est allés manger une « molle » trempée dans le chocolat à la crèmerie après le souper, on n'a pas de mal à se remettre de ce genre d'activité le lendemain.

En attendant d'arriver aux vacances, et dans le but d'éviter de trop fortes poussées d'écœurantite, je fais des listes de choses plaisantes à réaliser durant les congés. Évidemment, je mets toute ma tribu à contribution pour avoir les listes les plus intéressantes possible pour tous.

6 activités à faire durant les jours de congé

✪ **D'abord, ne rien faire.** Au moins pendant quelques heures, idéalement pendant une journée. Pas d'activités au programme. Si ça finit par donner une journée où tous sont « écrapous » devant la télé, c'est parfait. Oh, et laissez tomber le menu rigide pour une fois : manger ce qu'on veut à l'heure qu'on veut donne l'impression que c'est Noël. Il est important que les enfants nous voient heureux et tranquilles à ne rien faire : ils nous voient assez courir au quotidien, il faut aussi leur faire découvrir les joies du repos !

✶ Une fois qu'on n'a rien fait et qu'on a rechargé ses batteries, on sort. Dehors. Pas dans les magasins (ce n'est pas trop le genre de la maison). Objectif : **visiter les parcs de la Sépaq.** Ils sont tous magnifiques, et ils sont parfaits pour respirer de l'air frais. Votre défi : tous les visiter. Vous avez la vie pour ça.

☆ **Organiser un pique-nique.** Soit vous jouez le grand jeu avec le p'tit *kit* en panier, la couverture à carreaux et le chant des oiseaux près du ruisseau, soit vous improvisez un pique-nique au parc du coin. Ou dans votre cour. Invitez donc les copains des petits et vos copines à vous.

✦ **Visiter le Zoo de Granby.** Un incontournable. Profitez-en pour faire des grimaces aux animaux et vous prendre en photo. Autre idée? **Visiter une ferme.** Surveillez le calendrier : depuis quelques années, les fermes ouvrent leurs portes au public en septembre.

☆ **Aller à la cueillette de petits fruits.** De un, ça favorise la détente : un fruit à la fois, cueilli avec délicatesse, ça force à décrocher de sa routine supersonique. De deux, les petits fruits, c'est délicieux !

☆ **Assister aux spectacles extérieurs.** Chaque municipalité, ou presque, organise toutes sortes de festivals et autres activités rassembleuses et familiales. Souvent, c'est gratuit, donc raison de plus pour y participer.

Parlons de culpabilité

L'an passé, je n'ai pas été à mon affaire pendant la fin des classes : j'étais en tournage, et impossible de déplacer une journée de boulot sans modifier l'horaire de dizaines de personnes. C'était la première fois que je n'étais pas là pour accueillir mes petits et célébrer avec eux leurs premières minutes de congé !

Argh ! Non seulement j'ai manqué à la tradition, mais je me sentais dans un état pitoyable…

Les enfants ont été compréhensifs : « Pas grave, maman ! Papa sera là et il t'enverra des photos ! » Bien sûr, vive la techno ! Mais ce n'est pas ça qui m'empêche de me sentir coupable. Le fameux syndrome de la culpabilité maternelle ! Avec le temps, j'ai l'impression de devenir de plus en plus dure avec moi-même. Je vois au moins ça de bon à mes rares absences qu'elles sont une occasion pour les enfants de gagner en maturité et d'exercer leur sens de l'indulgence !

La fin des classes !

Super-Maman

Après avoir passé un été tranquille, profité des vacances et des petits matins en famille, regardé les enfants grandir et renouvelé les vêtements d'automne pour tous, j'affronte la rentrée ! C'est le retour de la routine, de l'école, des devoirs, des horaires chargés, des journées qui raccourcissent… Et le retour en force de SUPER-MAMAN !

Super-Maman. Ouais. Bon.

C'est bien joli, ça fait très « femme d'action en contrôle de la situation », mais le préfixe « super » est… superflu. Les mères n'ont pas besoin de se comparer entre elles, de se diviser entre mamans ordinaires et mamans super. On est toutes des mères, et on fait ce qu'on a à faire, le mieux possible.

Être une Super-Maman n'est pas héroïque ; j'oserais même dire que c'est parfois lourd et stressant. Surtout qu'on veut non seulement être une maman exemplaire, mais aussi une femme épanouie. La belle pression ! Oui, on peut tenir le coup un certain temps… jusqu'au *burnout* familial, quand on a envie de tout laisser tomber et de se coucher en position fœtale.

Et qui nous met de la pression ? Les émissions télé où tout est parfait ? Les blogues de mamans créatives et épanouies ? Mais non. Ça, ce sont des distractions, des inspirations : c'est nous qui les transformons en code de vie, en mode d'emploi. On se met de la pression soi-même. Nos enfants ne veulent pas d'une mère parfaite ; ils veulent une mère présente, qui a le temps de leur accorder de l'attention.

Chez moi, la jasette au lit le soir avec les enfants est sacrée. Si ce n'est pas assez, j'improvise de brefs tête-à-tête pour faire le tour d'un souci délicat, ou juste pour donner du temps à mes poulets, que j'ai moins vus pendant la semaine. Souvent, 15 minutes suffisent pour « connecter », se mettre à jour au chapitre des amitiés et des exploits de tout le monde. Pendant ces moments, je ne coupe pas les légumes du souper, je ne réponds pas au téléphone… je consacre du temps à mes petits, je leur caresse les cheveux, je les regarde dans les yeux.

Le partage des tâches avec des enfants super

La mère en fait souvent plus à la maison, malgré un partage des tâches. Je pense qu'en fait, on aime ça, en faire plus, même si on trouve cette responsabilité pesante. C'est très paradoxal.

Vous avez déjà entendu cette phrase sortir de la bouche de votre chum : « Pourquoi est-ce que je ferais le souper quand ce que tu cuisines est toujours si délicieux ? » L'art de se décharger d'une responsabilité tout en flattant notre orgueil… Il n'y a qu'une réponse à donner, les filles :

— Eh bien, parce que ça me ferait plaisir de prendre congé de souper, ce soir !

Cela dit, nos enfants et notre conjoint doivent comprendre que nourrir la famille, c'est une responsabilité *de famille*, pas une responsabilité *maternelle*. Chez moi, j'ai décidé d'impliquer tout le monde dans le travail plutôt que de tout prendre en main toute seule :

1re implication :

On s'assoit à table en grand comité et on discute de ce qu'on aimerait manger durant la semaine (souvent en consultant les circulaires, car ça permet aux enfants d'apprendre quelques notions sur le prix des aliments et l'art de tenir un budget équilibré).

2e implication :

Le premier qui dit qu'il aimerait manger du pâté chinois prend la responsabilité de le cuisiner, ou d'apporter son aide. Ma fille Simone, du haut de ses sept ans, est bien capable d'éplucher un oignon.

Cela, vous l'aurez compris, concerne tous les plats de la semaine.

3ᵉ implication :

Les jeunes mettent la table. On s'entend, on les tient encore loin de la cuisinière et des ustensiles coupants, mais ce n'est pas une raison de leur permettre de se pointer dans la cuisine uniquement quand le repas est servi. En mettant la table sur une jolie nappe, en disposant les ustensiles comme il le faut et en préparant les verres et la carafe d'eau, ils participent au repas selon leurs moyens (et nous, les parents, on ne se retrouve pas à tout faire). Il est important d'aider les enfants à s'impliquer dans nos tâches quotidiennes car, avant longtemps, ils devront s'occuper d'eux-mêmes et savoir faire les mêmes choses que nous. On veut en faire des adultes responsables, non ?

Quand tout le monde s'implique, le repas est encore plus apprécié et on passe un bon moment en famille. Il ne faut pas oublier de complimenter largement les enfants, ce qui est super pour le renforcement positif :

— Vraiment, ma poulette, tes légumes sont coupés à la perfection ! Ça va nous faire une belle assiette de crudités. Tu m'aides pour la trempette ?…

Et voilà une petite fille qui n'hésitera pas à apporter son aide au prochain repas. Cela dit, cuisiner avec les petits peut virer au cauchemar si votre réserve de patience est épuisée. Mon conseil dans ces moments-là : prenez une grande respiration, faites jouer une bonne « toune », prenez-vous un p'tit verre de vin et renfermez-vous dans votre bulle le temps de faire le souper… Ou faites livrer du poulet ! On dit que la perfection n'existe pas, alors soyez une mère parfaitement imparfaite !

Pourquoi pas un brin de vaisselle ?

Conseils d'amie
par **Magalie Lebrun**,
coach familiale et conférencière

Go, t'es capable!

Qui voit passer ses fins de semaine? Le vendredi, on a des listes interminables de choses à faire et, le dimanche soir, on est déçue de n'avoir pas pu passer au travers. Une des façons d'épurer ces listes est de déléguer. Et nos enfants peuvent très certainement accomplir certaines tâches. Il suffit de se rappeler ce qu'on faisait au même âge: il n'y a aucune raison pour que nos rejetons en soient moins capables que nous! Faisons-leur confiance!

Une partie de notre rôle de parent est de **responsabiliser nos enfants et de les rendre autonomes.** En leur donnant des responsabilités, on leur enseigne qu'ils font partie d'une collectivité (la famille), où chacun doit apporter sa contribution. Pour y arriver, on doit s'engager pleinement à montrer comment accomplir telle tâche et à faire du renforcement positif: «Elle est bien lavée, ta salle de bains!» ou «Merci d'avoir vidé le lave-vaisselle, tu es super!»

o o o

o o o

Si on demande aux enfants de ranger leur chambre, on doit s'adapter, faire en sorte que cette tâche soit une réussite : ont-ils des systèmes de rangement efficaces ? Nos objectifs ont-ils été bien exprimés ? Savent-ils quoi faire ? « Range ta chambre » est assez flou, alors que « Il faut faire ton lit, ranger ton pyjama, remettre les crayons et papiers à leur place, mettre tes livres dans ta bibliothèque, placer tes toutous dans le panier » est nettement plus précis. Au besoin, faisons une liste illustrée. Peu importe la tâche, assurons-nous que les enfants ont tout en main pour accomplir leur responsabilité au complet et évitons de les placer en situation d'échec.

Pour que l'enfant nous aide sans qu'on ait à le lui demander, on peut inclure ses tâches dans sa routine, ou donner un moment limite dans la semaine : « Tu peux faire le ménage de ta chambre quand tu veux, sauf qu'il doit être terminé samedi avant midi. » Des repères visuels sur le calendrier sont très efficaces.

On peut mettre les enfants à contribution dès leur plus jeune âge : par exemple, plier des débarbouillettes est à la portée des petits de deux ans. À trois ans, ils peuvent mettre leurs vêtements propres dans les bons tiroirs, et ainsi de suite. Accompagnez-les en leur donnant trucs et soutien. Vous verrez combien ils seront fiers, et l'habitude d'aider sera bien ancrée en eux !

Prendre le temps de décrocher

J'ai un jour fait la rencontre de Linda, une coach de vie que je décris plutôt comme une femme d'une très grande sensibilité. Lors d'une de nos rencontres, elle a constaté que j'étais au bout du rouleau, comme si la soupape allait sauter… BOUM !

Au lieu de fouiller dans mon esprit pour comprendre le pourquoi du comment j'en étais rendue là, elle m'a dit ceci : « Quand tu sens que tu vas exploser et dire des choses que tu pourrais regretter, arrête tout. Tant pis pour la vaisselle, tant pis pour le lavage et le ménage ! Prends tes enfants dans tes bras, ton chum par la main, mets de la musique et danse ! » Ça m'a rappelé quand ma mère et moi dansions dans notre appartement.

Tiens, une autre chose de l'enfance qu'on comprend quand on est soi-même maman…

OK, maman n'en peut plus ! C'est l'heure du dodo !

Parfois, après de longues journées, la Super-Maman, aussi super soit-elle, est contente que les enfants se couchent. Dites-moi que je ne suis pas la seule à me sentir ainsi ? J'aime mes poussins plus que tout, mais, vers 19 h 30, 20 h max, j'ai hâte de me retrouver dans ma bulle. He, he, he… je suis chanceuse, ils sont encore à l'âge de se coucher tôt, alors j'en profite. Je ne peux pas imaginer quand ils seront adolescents et qu'ils se coucheront après moi… Ouch ! En attendant, après la jasette et les bisous de bonne nuit, je savoure chaque minute où je peux décrocher de mes responsabilités.

Conseils d'amie
par la **D^{re} Stéphanie Léonard**, psychologue

. . . .

J'aime mes enfants, mais...

Avoir des enfants est extraordinaire, mais aussi très exigeant. Il est tout à fait normal que nos enfants nous exaspèrent par moments, au point où on a envie de les mettre au recyclage. Comment éviter de basculer dans la culpabilité ?

1. Expliquer à son enfant que sa maman a elle aussi besoin de temps pour elle, pour se retrouver.

2. Tenter de s'allouer du temps sans ses enfants afin de reprendre son souffle.

3. Savoir mettre ses limites avec son enfant, et ce, sans attendre d'être au bout du rouleau.

4. Instaurer une routine quotidienne fixe qui délimitera certains moments « entre adultes ».

5. Accepter de ne pas être des parents parfaits !

Résolutions et réalité

Vous arrive-t-il de vous sentir poche?

Oui, «poche». Comme dans «pas bonne», «incompétente», «décevante»?

He, he, he... Moi, oui.

Dans une année, il y a deux périodes clés où les gens prennent des résolutions:

En janvier (manger plus de légumes, boire plus d'eau, aller plus souvent jouer dehors, etc.);

En septembre, à la rentrée (aller moins souvent au resto, se faire des lunchs maison, ne pas perdre patience avec les enfants à l'arrêt d'autobus, faire faire les devoirs tous les soirs, etc.).

À la dernière rentrée, tout allait bien côté résolutions et routine du matin. J'étais fière de nous, et je nous trouvais pas mal bons. On a même établi une nouvelle règle de conduite cette année: plus de télé avant de partir pour l'école. On se concentre uniquement sur notre horaire matinal.

Un de mes plaisirs du matin est d'ouvrir la porte de la chambre de Simone et d'aller la serrer fort dans mes bras alors qu'elle est encore toute chaude dans ses couvertures. J'adore ça! Selon son humeur, j'ai même parfois droit à un beau «Bonjour, maman!» plein d'amour! Ensuite, je me glisse dans la chambre de Laurence, qui dort dur, dur, puis me regarde avec ses yeux endormis: «Allô, maman, c'est déjà le matin?»

Jusque-là, tout va bien, mais plus les minutes avancent, plus on voit l'heure où le bus jaune va passer, moins on est calmes. Et tout à coup, la pression monte, le ton devient saccadé, les ordres fusent en *crescendo*:

— Brossez vos dents!
— Lavez vos visages. À l'eau tiède, pas à l'eau frette!
— Coiffez-vous! Viens, Simone, il faut que je fasse tes couettes! Mais arrête de crier comme ça, c'est juste un nœud! OK! C'EST 14 000 NŒUDS!
— Quoi, pas encore habillé, Laurence? Grouille!
— Prenez vos boîtes à lunch! Hein? Oui, encore des sandwichs, pis? Sont pas bons, mes sandwichs?
— Les agendas sont où? Comment ça, quels agendas!…
— N'oubliez pas vos cartables! Comment ça, quels cartables!…

Sans compter le classique des classiques, une fois l'habit de neige boutonné et zippé de partout :

— Maman, j'ai envie de pipi !

On finit par sortir dehors sur le gros nerf, sans avoir le temps de se donner un bisou ni de se souhaiter une bonne journée.

C'est ce que je disais : je me sens poche.

Les enfants partis, on rentre la tête dans les épaules et on revient à la maison en traînant les pieds. Une tornade est passée. On se sent coupable. Avec toutes nos bonnes intentions, on croyait sincèrement arriver à avoir des matins plus doux.

Bon, heureusement que demain existe pour se reprendre, hein ?

Et puis je me dis que nous, les grands, ça va, on peut relativiser tout ça… Mais ça me brise le cœur de savoir que nos petits démarrent leur journée avec ce stress. D'un autre côté, ils sont faits si forts, ces petits amours : ils m'impressionnent !

Finalement, je ne suis pas à la hauteur de qui ? De moi ? Hum, ça vaut la peine d'y réfléchir et d'arrêter d'avoir des attentes irréalistes. Je suis une mère de famille qui travaille et qui n'a pas le choix de faire en sorte que ça opère.

Aïe ! Déjà 16 h ! Je pars chercher les mousses et la routine du soir commence…

— Lavez vos mains ! Comment ça, quelles mains !…

Ouf !

Conseils d'amie
par **Magalie Lebrun**,
coach familiale et conférencière

. . . .

10 trucs pour des matins harmonieux

1. **Préparer** les sacs d'école la veille.
2. **Se lever plus tôt** (comme parent) pour avoir un peu de temps pour soi. Quel luxe de prendre son premier café tranquille !
3. **Afficher l'horaire de la routine** des enfants à un endroit visible, comme sur le comptoir de la cuisine. Par exemple :

> → 6 h 15 : lever
> → de 6 h 30 à 6 h 50 : déjeuner
> → de 6 h 50 à 7 h 15 : s'habiller,
>   faire sa toilette, faire son lit
> → de 7 h 15 à 7 h 30 : temps libre
>   *(ou pour se rattraper en cas de retard)*
> → 7 h 30 : manteaux, boîtes à lunch,
>   sacs d'école ; direction : arrêt de bus
> → 7 h 40 : prendre le bus

On demande aux enfants de faire sur l'horaire des dessins correspondant aux étapes pour que chacune soit déchiffrable aussi par les plus petits.

o o o

○ ○ ◌

4. **Ajuster l'horaire** si la routine ne fonctionne pas, par exemple : s'habiller avant d'aller déjeuner plutôt qu'après.

5. **Régler des rappels** (horloge, alarme…) qui aident à garder le rythme. Installer une horloge dans la cuisine et dans la salle de bains permet aux enfants et aux parents de toujours voir où ils en sont dans la routine.

6. **Diminuer les choix** pour éviter les hésitations, par exemple : ne pas proposer plus de deux choix de céréales.

7. **Prévoir des déjeuners rapides.** Profiter de la fin de semaine pour cuisiner des muffins, gaufres et crêpes pour la semaine, et congeler le surplus. Des *smoothies* sont aussi des déjeuners complets et ils sont rapides à boire.

8. **Donner des rôles et responsabilités** à chacun. Les enfants pourraient être responsables de mettre leur jus et leur collation dans leur boîte à lunch (qui sera préparée la veille, bien sûr !).

9. **Prévoir du « temps-bonheur »** pour la fin de la routine. Si le matin s'est bien passé et qu'il nous reste du temps, on peut jouer à un court jeu ou regarder un peu la télé.

10. **Accepter le retard** et arrêter de stresser. Oui, notre journée commence mal, mais accepter qu'on n'arrivera pas à l'heure permet de diminuer le stress, et on devient alors plus efficace. C'est magique !

La menace

Début novembre, le soleil se couche plut tôt, notre énergie diminue tranquillement. Je me bats pourtant contre cette réalité, je m'efforce d'aller dehors le plus possible. C'est le meilleur remède contre la grisaille. Et puis l'énergie vient à ceux qui en dépensent. Moins on en fait, moins on veut en faire, c'est bien connu.

Avec le temps, j'ai appris à aimer novembre, avec l'apparition des décorations de Noël – j'adore le temps des fêtes. Mais c'est aussi un mois où je redoute la gastro.

Il y a plusieurs années, Simone a lancé le bal, justement un soir de novembre. On l'avait bordée dans son petit lit rose et on s'en allait se coucher quand soudain on l'a entendue pleurer. Elle venait de vomir partout. Pauvre p'tite poulette d'amour ! On a mis les draps dans la machine à laver, donné un bain à notre fille, lui a remis un pyjama doux et on l'a couchée avec nous pour la rassurer. On ne pense pas que c'est la gastro à ce moment-là ; on pense que notre fille fait seulement une indigestion. Sinon, croyez-moi, on lui aurait laissé notre lit et on serait allés dormir loin, loin, loin dans le cabanon !

Arrrk ! Simone a été malade toute la nuit, à boire de peine et de misère les gobelets de liquide réhydratant que je lui préparais. Ça m'a quand même révélé une chose: en tant que parents, Pierre et moi, on est super bons à garder notre sang-froid, même après 1 000 brassées de draps et de pyjamas. Quand notre enfant est malade, on se fiche du lavage.

Simone a fini par se rendormir, et moi aussi. La nuit était déjà bien avancée. Plus que quelques heures et je partais en tournage à plus d'une heure de route de la maison pour *Décore ta vie*. Au moment où mon réveil a sonné, j'ai réalisé que Pierre avait déserté notre lit. Je l'ai retrouvé sur le carrelage de la salle de bains, couché en boule près de la toilette. Noooon!

Je savais qu'une énorme journée m'attendait, et je ne pouvais pas annuler le tournage pour prendre soin de ma famille. Je suis partie après que Pierre m'a rassurée… mais je ne l'ai pas été longtemps. Ma mère est donc venue en renfort soigner les troupes, en attendant que je puisse revenir auprès des miens. Le teint vert et sentant le vomi, mais les miens quand même.

Simone et Pierre ont fini par prendre du mieux. Ma mère, comme un bon capitaine, gardait le cap et ne semblait pas trop ébranlée. Moi… eh bien, à force de voir ma fille et mon chum malades, j'ai commencé à me sentir mal, mais sans plus. Mais voilà que mon Laurence me dépasse par la droite, pour vomir sur le canapé et le tapis sans avoir eu le temps de se rendre aux toilettes !

NOOON ! On ne s'en sortira jamais ! On sombre, mon capitaine !

On est restés en quarantaine pendant près de deux jours, pendant lesquels on a passé notre temps à vomir, à tout nettoyer et désinfecter, à refaire les lits, à s'hydrater, à se laver les mains... et à essayer de reprendre du mieux. Le temps arrange bien des choses, heureusement.

Tout à coup, les enfants ont retrouvé leurs couleurs. Ils se sont remis à jouer comme si de rien n'était ! On a repris notre train-train, on a ouvert les fenêtres pour aérer la maison quand, soudain, je me suis retrouvée alitée avec une mégafièvre ! Moi qui pensais avoir été épargnée ! Ça a été au tour des enfants et de Pierre de prendre soin de moi !

Viva la familia !

J'écris ces mots et je me sens soudainement bizarre... Mal de cœur, mal de tête ! Oh non ! Est-ce entre mes deux oreilles ? Sûrement... Je vous laisse. Je vais aller me laver les mains !

Un enfant, ça comprend par l'exemple (les parents doivent donc faire ce qu'ils prêchent)

Assise sur la banquette de la cuisine, emmitouflée dans un gros chandail, je profite de ce moment où les enfants jouent dehors pendant que je suis à travailler mon manuscrit à la maison. Mon esprit s'égare…

D'où je suis, j'ai vue sur la cour. On y installe toujours des mangeoires à oiseaux un peu partout, mais, quand arrive l'hiver, on les met sur la terrasse pour voir les oiseaux de plus près. Laurence est un amoureux des bêtes à plumes ! Il nous a transmis sa passion : c'est devenu un plaisir familial de les observer, d'apprendre à les connaître. Devant moi se trouve présentement une sittelle à poitrine blanche, des mésanges, des juncos ardoisés, un couple de chardonnerets et un couple de cardinaux (oui, oui, je les connais bien !). Ils sont si beaux ! Ça doit être l'heure du dîner pour eux aussi.

Les admirer m'apaise. Ils virevoltent, semblent s'amuser tout en partageant le buffet de graines de toutes sortes. Hum, je me demande s'ils jasent météo. En tout cas, ils ne doivent pas trouver ça bien chaud avec notre –24 !

*Laurence, notre
ornithologue*

Repas de roi pour oiseaux

En plus des graines dans les mangeoires, pensez à donner du saindoux aux oiseaux. On trouve facilement ce gras en épicerie (comme le bon vieux Tenderflake), sinon Bulk Barn en vend aussi. Taillez-en une bonne tranche, recouvrez-la de graines et disposez-la dans un contenant grillagé dans lequel les oiseaux pourront picorer sans que les écureuils gobent tout. Évitez le gras de bacon refroidi, qui contient toutes sortes d'additifs néfastes pour les oiseaux.

Allez, Saskia, concentre-toi.

Il n'est pas facile pour moi de travailler à la maison et d'être disciplinée. Je suis toujours tentée de faire une brassée, de commencer à préparer mon souper trop d'avance, de faire du ménage de garde-robes ou de déplacer des meubles pour changer le look d'une pièce! Je ne sais pas s'il existe un nom pour mon petit défaut de fabrication, c'est-à-dire ne jamais être capable de rester assise plus de deux minutes. Et moi qui passe mon temps à dire aux enfants de rester assis… Je n'ai aucune crédibilité!

Ce matin, j'ai lu cette pensée du jour (pardonnez la citation en anglais…): *Your child will follow your example, not your advice.* Traduction libre: votre enfant suivra votre exemple, pas ce que vous lui dites de faire.

Laurence, qui vieillit, n'est pas dupe et, parfois, il me le remet (gentiment) en plein visage: «Arrête de nous dire de nous asseoir! Toi, maman, viens donc t'asseoir. Tu es toujours à droite et à gauche!» Hi! hi! hi! Jusqu'à quel âge la vérité sort-elle de la bouche des enfants, donc?

Allez, ma Saskia. Retourne t'asseoir à ton clavier et reste concentrée sur une tâche à la fois.

Lâcher prise, ou pas

(À lire avec humour!)

Lâcher prise, surtout avec les enfants. Quelle jolie expression! J'en parle beaucoup, beaucoup, beaucoup, mais je ne le fais pas beaucoup, beaucoup, beaucoup. Oui, comme je le disais plus tôt, je suis un peu Germaine… mais j'essaie d'améliorer des aspects de ma personnalité. Parfaitement imparfaite, vous vous rappelez? Il faut bien donner un peu de latitude aux enfants…

J'essaie de lâcher prise en me disant que, dans le fond, rien n'est jamais grave au point de me mettre dans des états de panique absolue. Mon bureau est un capharnaüm… et puis? Pas grave, c'est *mon* bureau. Kathleen, la femme de ménage, ne reviendra pas avant deux semaines et les planchers sont déjà à laver? Je le ferais bien moi-même, mais… pas le temps! Et que dire de la poussière qui s'accumule à vue d'œil? Eh bien, qu'elle s'accumule, c'est son heure de gloire!

Lâcher prise aussi quand, systématiquement, tous les jours, les enfants ne rebouchent pas le tube de dentifrice et qu'il y en a plein dans le lavabo. Bah! Ils sont en apprentissage, ils finiront bien par apprendre. Lâcher prise aussi sur le fait qu'ils ne tirent pas la chaîne quand ils vont aux toilettes (par contre, ça, j'ai hâte qu'ils l'apprennent, parce que c'est plus gênant quand il y a de la visite à la maison !).

Lâcher prise, mais pas pour les détails

Je vous raconte ça et ça me fait rire. Eh oui, mieux vaut en rire ! Il faut accepter que tout ne soit pas forcément comme on l'imagine (et comme on l'espère). J'ai le sens du rangement très développé (sauf dans mon bureau et mes tiroirs…), mais pas nécessairement le reste de ma tribu. Comme je n'en peux plus de leur demander de se ramasser, et que, visiblement, que la maison soit à l'envers ne fatigue que moi, j'attends que tout le monde soit couché pour faire une dernière ronde de rangement.

Et pour *me* contenter, *moi.*

Je suis incapable d'aller me coucher si le salon traîne : je sais que je serai énervée de revoir le même fouillis le lendemain matin. Alors, je ramasse les jouets et les remets dans le tiroir de l'unité murale, je regonfle les coussins des canapés, je plie mon jeté sur le bras du fauteuil, j'aligne les télécommandes, je replace les revues en belles piles. Ahhh, maintenant, je me sens bien, je vais pouvoir dormir sur mes deux oreilles… Finalement, mon lâcher prise, je l'exerce sur les autres : je ne leur demande pas de ranger ; je le fais moi-même. À un certain moment, il faut accepter la personnalité qu'on a, et la mienne est allergique aux traîneries ! J'ai BESOIN que tout soit ordonné. Je gère toujours 1 001 projets à la fois. Ce serait impensable si ça devait se faire dans le désordre. Il y a déjà assez de trucs mélangés dans ma tête !

(Au moment où j'écris ces lignes, mon fils vient de lancer sa pelle en plastique dans mon beau lilas. Mais comment est-ce qu'on va faire pour aller la récupérer, donc ? Mon lilas fait 20 pieds de haut ! Ahhhh… Lâche prise, ma Saskia. Il y a pire qu'une pelle dans un lilas ! Au printemps, les feuilles vont pousser et on ne la verra plus. Ah ? La pelle est retombée. Bon, une chose de réglée. Parfait, ça !)

Ce n'est pas uniquement que je n'aime pas les traîneries ; c'est que j'aime voir mon décor à son meilleur. Je suis sensible à la beauté de mon environnement, vous vous en doutez bien. Je ne travaille pas en déco depuis 15 ans pour rien ! Pour moi, laisser la table de cuisine pleine de miettes est impensable : mon coin repas, je l'aime quand il est propret et que mon mignon petit centre de table retrouve sa place. C'est tellement plus beau le matin quand je descends boire mon premier café ! Et, en me ramassant chaque soir, je n'ai pas l'impression de commencer la journée dans les restants de la veille, mais plutôt de commencer une journée neuve, le compteur à zéro.

(OK, c'est une blague? Laurence vient de lancer sa pelle dans l'arbre d'à côté! Je ne comprends pas, c'est quoi, ce jeu? Lance ta pelle dans l'arbre? Ahhh... Lâche prise, ma Saskia. Ce sont des « affaires de ti-gars »!)

Bref, j'ai besoin de ranger mon environnement. D'un autre côté, j'ai aussi appris qu'il n'est pas si grave de ne pas faire le lit tous les jours. Franchement, ce n'est pas la fin du monde si le lit n'est pas fait, vrai? Mais je me demande: est-ce que ce ne serait pas un meilleur exemple à donner à mes enfants que de leur apprendre à se ramasser tous les jours, à faire leur lit? Les inciter à garder leurs choses ordonnées, n'est-ce pas leur donner de bonnes habitudes applicables à toutes les sphères de leur vie? Je pense que oui. (Mais, je vous l'ai dit, il ne faut pas regarder dans mes tiroirs!)

Comment vivez-vous cela chez vous? Aimez-vous davantage une maison rangée, quitte à ce que ramasser occupe une partie de votre temps libre, ou une maison moins rangée avec plus de temps de qualité?

Bébé est arrivé : le ménage prend le bord!

(Hum, pas pour tout le monde!)

Quand j'ai eu les enfants, tout le monde me disait : «Saskia, tu vas être fatiguée. Au lieu de ranger ta maison, repose-toi.» Je fais la même chose maintenant. Si je connais quelqu'un qui s'apprête à avoir un bébé, je lui conseille immanquablement : «C'est sûr, tu vas être au bout de ton rouleau. Il va falloir que tu acceptes que la maison ne soit pas parfaite, que tu n'aies pas le temps de faire du lavage ni de replacer ton centre de table! Il faut, quand le bébé dort, que tu dormes aussi, pour prendre des forces et être en forme pour voir à ses besoins quand il sera réveillé.»

Bref, au lieu de faire du ménage, profitons donc de nos enfants.

C'est ce que j'ai fait… à moitié. Oui, j'ai profité de mes enfants, mais j'ai également compris depuis longtemps que, pour être une Saskia pas frustrée, il fallait que je sois épanouie avec mes enfants… et que mes coussins soient bien placés!

Et toc!

Argh... les fêtes d'enfants !

Les fêtes de mes enfants sont dans des périodes de l'année pas évidentes pour les *partys*. Mon garçon est né en janvier et ma fille, en avril. Faire des *partys* à l'extérieur est impossible, vous pensez bien. Car, c'est bien connu, les fêtes d'enfants étant de plus en plus sophistiquées, les parents n'ont pas toujours le temps ni l'énergie de gérer un *party* dans la maison, de créer un programme de divertissement inspirant et de ramasser les miettes qui se retrouvent partout.

Je salue donc les fondateurs des entreprises qui aident les parents à organiser les fêtes d'enfants. Avec Laurence et Simone, on a opté pour toutes sortes de formules :

- **Le clown :** Pierre et moi, on a embauché un clown pour divertir les enfants quand Laurence était tout petit. Hum… Le clown était super, ses tours de magie, vraiment amusants, mais 3 enfants sur 10 en avaient peur et pleuraient à chaudes larmes ! À refaire ? Non.
- **Le cours de gym :** Avec les copains de Laurence, on est allés au cégep Édouard-Montpetit pour une séance de défoulement super dynamique avec un entraîneur sur place, pour leur faire lâcher leur fou. Les enfants étaient très heureux. Génial.
- **Le cours de trampoline :** Encore une fois, une activité pour faire sauter les enfants et leur faire dépenser leur trop-plein d'énergie, sous la supervision d'un instructeur chevronné.
- **Le cours de ballet privé :** Ou l'art de réaliser des rêves de petites filles ! Simone et ses copines en parlent encore !
- **Les parcs d'attractions intérieurs :** Si c'est le paradis des enfants, qui peuvent grimper, sauter, glisser et même s'essayer à l'escalade, il n'y a pas toujours suffisamment d'espace pour y tenir des fêtes agréables et… intimes. J'ai toujours l'impression qu'on s'y pile sur les pieds. Sans compter qu'il faut décorer son petit espace soi-même, apporter le buffet et le gâteau… Un vrai déménagement et, encore une fois, des tonnes de détails à gérer.

Heureusement, cette année, on m'avait parlé d'un nouveau parc intérieur à Sainte-Julie, à un jet de pierre de chez moi. Ça commençait bien. Deuxième bon point : la formule clés en main qui respecte le budget fixé. Parce qu'on s'entend, côté fêtes d'enfants, notre enthousiasme de parents conduit trop souvent aux dépassements de coûts… (Oui, je parle en connaissance de cause !)

En plus, un bon service à la clientèle et de suffisamment d'espace, dans un lieu agréable pour toute la famille : ça sentait le succès. Ce qui a fini de balayer mes doutes ? L'équipe du centre peut s'occuper de tout. On ne veut pas avoir à trimballer le buffet et le gâteau ? Pas de problème, madame, on a un forfait pour ça ! On veut que les enfants mangent des crudités pendant qu'on sirote son café au lait ? Avec plaisir ! Parlez-moi d'un anniversaire agréable quand les enfants ont le droit de courir partout et que les parents peuvent l'apprécier, sans avoir une miette à ramasser !

Vers une fête sans cadeaux?

Ne trouvez-vous pas que les enfants sont (trop) gâtés? Je comprends qu'on ait envie de leur faire plaisir mais, parfois, c'est démesuré. Oui, il y a des fêtes d'enfants où l'abondance est loi. Je n'en ferai pas un sermon, mais on jase… Je me dis qu'on pourrait amorcer un mouvement: les fêtes sans cadeaux. Ou, du moins, les fêtes avec des cadeaux recyclés, comme ces livres qui, une fois lus, peuvent être offerts à d'autres, ou ces poupées qui autrement finissent dans le fond du coffre à jouets… Ça irait avec notre conscientisation par rapport à la surconsommation, à l'environnement, au respect du budget, à l'appréciation des individus et non des biens matériels. On pourrait au moins commencer par arrêter d'offrir des pochettes surprises aux petits invités.

Ah, c'est sans doute un vœu pieux, puisque l'un des grands plaisirs des enfants est de recevoir des cadeaux. Reste à faire en sorte qu'ils sachent les apprécier…

Oui, mais moi !

En offrant chaque année des vacances en Floride aux enfants, on sait qu'on les gâte et qu'ils sont privilégiés. Pourquoi eux ne le réalisent-ils pas ?

J'aimerais bien qu'on m'explique pourquoi moi qui ai été une enfant reconnaissante de ce que ma mère m'offrait avec ses moyens limités, j'ai engendré des enfants qui n'en ont jamais assez, ne sont jamais contents et tiennent tout pour acquis. Reconnaissez-vous vos rejetons ? Si oui, *join the club*. Sinon… c'est que vous avez gagné le gros lot ou que vous savez inculquer la gratitude, et j'aimerais bien connaître votre méthode.

Par exemple, pendant les dernières vacances passées en famille, alors que Pierre et moi, on tentait de relaxer sur le bord de la piscine, voilà que nos deux moineaux commencent leur chignage :

— C'est plate !

Grrr !

Cette année-là, on avait triché en partant plus tôt que prévu et en empiétant un peu sur la semaine suivant la relâche, de sorte qu'on avait 12 jours devant nous pour décrocher et se payer du bon temps. Douze jours! C'est exceptionnel! Il faisait beau, bon, pas trop chaud : la température idéale pour ne rien faire. Au moins pendant quelques heures. Vous pensez que les enfants ont pris conscience de leur chance ?

— On n'a rien à faire !

Ce n'est pas grave, n'avoir rien à faire quand on est en *v-a-c-a-n-c-e-s* ! Un mot qui signifie justement relaxer, ne rien faire. Est-il possible de ne rien faire pendant quelques jours… ou juste quelques heures ? Où est-il écrit qu'on doit rentabiliser chaque seconde avec un emploi du temps ministériel ? Dans ma tête, être en vacances, ce n'est pas être « sur la go ». Et dans mon esprit, les vacances, ce n'est pas non plus jouer à la monitrice de camp de jour pour garder mes enfants stimulés en permanence. Voyons donc, on est sous les palmiers, au soleil, dans un environnement de rêve : qu'ils se débrouillent pour avoir du plaisir ! Et savez-vous quoi ? Je ne me sens même pas comme une mère indigne en disant ça !

— On n'a pas d'amis !

Alors, là, c'est « l'boutte » ! Pas d'amis ! Vous avez une piscine juste pour vous sous les cocotiers, ne venez pas me faire croire que ça vous prend des amis pour avoir du plaisir ? Vous avez tout ce qu'il faut pour jouer !

Je trouve cette attitude très irritante. Je le confesse, j'ai la mèche courte. D'ailleurs, plus je vieillis, plus je pense qu'elle raccourcit. Ma patience n'a jamais été légendaire, et j'ai beau fouiller partout, ça ne s'achète pas ! Je dois souvent prendre de grandes respirations pour ne pas hausser le ton.

C'est simple, j'aimerais qu'ils profitent du moment présent et de la chance qu'ils ont d'être sous les palmiers, à deux pas de la mer, mais aussi de leur chance en général. Comment on fait pour y arriver, donc ?

Conseils d'amie
par la **D^{re} Stéphanie Léonard**, psychologue

. . . .

La très choquante ingratitude des enfants

La gratitude s'enseigne et s'apprend. C'est pour cette raison que je pense que, si un enfant a de la difficulté à ressentir de la gratitude, c'est peut-être qu'il vit dans un environnement qui ne le lui a pas enseigné! Les enfants d'aujourd'hui vivent dans un monde de surconsommation et de rapidité; on ne prend plus le temps de se rendre tranquillement à l'école en marchant, d'attendre patiemment son tour pour obtenir ce qu'on veut ou de s'émerveiller devant les petits moments de la vie. À cause de son manque de maturité et d'expérience de vie, un enfant n'aura jamais la même perception que ses parents. C'est pourquoi c'est le rôle des parents de guider leur enfant afin qu'il puisse progressivement porter un regard plus objectif et relatif sur son environnement. Et c'est souvent après cela que vient la gratitude…

Notes

CHAPITRE 5

Les vacances

Le monde merveilleux de Disney

La première fois que j'ai visité la Floride, c'était au cours de l'été de mes 10 ans. Ma mère est arrivée à la fin des classes et a prononcé ces mots magiques :

— Saskia, j'ai une surprise pour toi… On part la semaine prochaine à Walt Disney World, en Floride !

— QUOI ? YÉÉÉÉÉÉÉÉÉ !

J'étais tellement excitée : je ne tenais plus à terre. Quelle surprise, en effet ! Je ne m'y serais jamais attendue ! Je connaissais la situation financière de maman mais, encore une fois, elle a trimé dur et, en cachette, elle a mis des sous de côté pendant un an pour nous offrir ce beau cadeau. On partait avec ma tante Nicole et sa fille, ma cousine Marie-Frédérique, qui avait quatre ans à l'époque ! Tout ce que je connaissais de Disney, c'était *Le monde merveilleux de Disney*, qui jouait à la télé le dimanche soir, avec sa chanson *When You Wish Upon a Star*, reconnaissable entre toutes ! Et les images des manèges durant le générique d'ouverture : de quoi faire rêver tous les enfants du monde. En cachette, j'espérais croiser la superbe Cendrillon, ma princesse préférée…

Ma mère m'offrait ce rêve sur un plateau !

Ça a été un voyage absolument extraordinaire. J'ai un vague souvenir du voyage en avion, mais je me rappelle parfaitement mon arrivée sur la plage floridienne : c'était la première fois que je voyais des palmiers. On dormait dans un super joli condo avec des meubles en bambou blanc et une terrasse, au bord de la mer, à Clearwater. Bien sûr, Mickey et sa troupe nous attendaient, mais maman et Nicole souhaitaient qu'on profite avant tout de la plage et de la mer. Je me rappelle m'être trouvée nez à nez, sous l'eau, avec un hippocampe. C'était fascinant !

Or, c'est bien beau, le sable et les coquillages, mais moi, j'avais surtout hââââââte d'aller à Disney. Le site était à plus de deux heures de route de notre hôtel. On a dû chanter *Trois petits chats* au moins cent fois !

Et, finalement, il était là, devant moi : Magic Kingdom.

Ouahhh…

J'étais hypnotisée : le château de la télé existait «en vrai». Il ne manquait que la fée Clochette et sa baguette scintillante. J'espérais tellement la voir apparaître… mais en vain.

Je ne parlais pas un mot d'anglais, mais ce n'était pas grave : j'étais tellement heureuse, j'étais à *Walt Disney* ! Avant de partir, maman m'avait offert un t-shirt long, presque une robe, d'un bleu pas possible,

La magie de Disney, c'est pour tous les âges!

sur lequel était imprimée Minnie Mouse, de face sur le devant et de dos sur l'arrière. Ma tante Nicole avait la version Mickey Mouse, en vert. Inutile de mentionner qu'on faisait fureur en Floride. La jeune Saskia vous aurait dit que c'était *full hot*!

— I'm sorry... Where did you get that shirt? me demandait-on.
— *Oh! I'm sowwy, it's from* Québec!

Même si mon vocabulaire anglais était bien mince, j'arrivais à me faire comprendre, et, comme je le dis souvent, le sourire est un langage international. Je me sentais invincible. Une fois de plus, ma maman était la plus *cool* du monde! Les manèges, les spectacles, je n'ai pas été déçue une seconde. Tout était parfait.

En devenant mère à mon tour, j'avais hâte d'offrir ce cadeau à mes mousses. D'offrir des souvenirs mémorables à toute la famille. Parce que Disney sait comment faire palpiter notre cœur d'enfant. À l'été 2013, donc, 30 ans après ma première visite dans ce merveilleux monde, j'y retournais avec mes trois amours. C'était l'année de mes 40 ans. Pierre et moi, on avait travaillé fort: on méritait des vacances de rêve avec nos enfants. On a eu envie d'essayer une autre formule que les tout-inclus en hôtel: la croisière Disney. Parce qu'on savait ce que ça représentait, on était plus excités que les enfants le jour où on leur a annoncé la surprise! N'empêche, ils ont fini par bondir de joie: un bateau, des aventures, des personnages mythiques, le resto tous les jours... Comment résister?

Quand on approche du port et qu'on aperçoit l'immense paquebot aux couleurs de Disney, avec Dumbo l'éléphant volant qui donne l'impression de tirer le bateau sur l'eau, ça semble complètement irréel. Ça m'a rappelé l'émotion vécue devant Magic Kingdom, mais cette fois-ci, je la vivais avec mes enfants. Quelle sensation!

Il y a quelque chose d'absolument fabuleux à faire découvrir à nos enfants les choses qu'on a aimées: non seulement ils apprennent à mieux nous connaître et ils réalisent qu'on a été enfants avant eux, mais ça nous donne le sentiment de perpétuer des traditions. Et semer de beaux souvenirs dans la tête de leurs enfants, n'est-ce pas le rôle des parents?

Saskia et Sophie en Floride

Ahhhh, les vacances! C'est tellement génial, tellement bon, tellement énergisant!

Sauf que…

J'ai un petit problème: voyager me stresse, et j'ai beaucoup de difficulté à relaxer en voyage. Je ne chercherai pas à comprendre pourquoi: je pense simplement que ça fait partie de ma personnalité. C'est drôle parce que, dans la vingtaine, je pouvais décider à quelques jours d'avis de partir en voyage. Mais détrompez-vous: même à cette époque de plus grande insouciance, je n'étais pas du genre «je pars à l'aventure en sac à dos et j'ignore complètement où je vais atterrir, mais ce n'est pas grave». J'avoue que je suis légèrement dédaigneuse, j'aime donc savoir où je serai installée. Je suis encore marquée par les voyages où je me suis retrouvée dans des endroits douteux. Voyager, oui: le luxe ne m'est pas nécessaire, mais la propreté est essentielle. Les photos des agences ne montrent pas le tour de la baignoire et la saleté près des fenêtres. Et que dire des draps souillés?… C'est sans doute en partie pour cette raison que j'ai acheté un condo en Floride: c'est chez moi.

Depuis mon premier voyage à Disney, la Floride m'a toujours attirée. À 18 ans, j'y suis retournée avec

(C'est ce qu'on appelle une très, très jeune «snowbird», oui!)

ma copine Sophie. Direction : Hollywood ! Oh que oui ! On s'en allait chez sa grand-mère, mais surtout retrouver un groupe d'amis, dont ma merveilleuse Marie-Pierre, qui était installée là-bas avec son chum pour l'hiver.

J'avais mis de l'argent de côté toutes les semaines où je recevais ma paye pour pouvoir faire ce voyage. Imaginez deux copines de 18 ans partir seules en avion pour la Floride ! C'était le summum ! J'avais l'impression de vivre mon *American Dream* !

Sept jours dans le Sud entre amis ! Le bonheur. À notre arrivée, on a passé quelques heures avec la famille de Sophie, mais ce qu'on voulait surtout, c'était rejoindre notre gang. Marie-Pierre m'avait dit que les nouveaux copains étaient pas mal sympathiques ! Je savais que son chum avait ouvert un casse-croûte et que toute notre gang y passait beaucoup de temps. On les a rapidement retracés. Vous auriez dû voir la tête de Marie-Pierre quand elle nous a vues entrer dans le resto : elle n'en revenait pas ! De belles retrouvailles ! Et de belles rencontres… Les nouveaux copains étaient sympathiques… et pas mal *cutes* !

Sophie et moi, on s'est bien intégrées dans le groupe, pour finalement passer la semaine avec eux. Ils avaient loué une maison géante pour la saison. Tout le monde dormait un peu partout. Je me sentais comme dans un film! Ahhh, la jeunesse, ahhh, les vacances! C'était vraiment génial. Pas de parents, pas d'école, pas de travail, pas d'obligations, personne pour nous dire quoi faire, juste du plaisir! C'est pas la belle vie, ça?

Aïe! Dire qu'un jour mes enfants feront la même chose... Je ne dois juste pas oublier que moi aussi, je suis passée par là!

La semaine a filé à toute vitesse. On vivait un peu le jour, beaucoup la nuit. Pas besoin de vous dire qu'on ne voulait pas retourner dans le froid québécois ni dans la routine. J'ai donc eu la bonne idée d'allonger notre séjour floridien. En plus, Sophie s'était fait un chum là-bas: elle voulait encore moins rentrer à la maison. On s'est mises à faire des téléphones pour étirer notre voyage encore quelques jours. Je devais parler à mon employeur. À l'époque, je travaillais comme cosméticienne dans une pharmacie Pharmaprix.

Il ne me restait qu'un détail à régler... C'était bien beau d'avoir fait tous ces appels et pris ces arrangements au boulot, mais je devais trouver les sous pour demeurer plus longtemps en Floride. Mon budget vacances était déjà largement dépassé, et je n'avais plus de coussin: je pense qu'il me restait 20 dollars en poche, et j'en avais besoin de 10 fois plus pour rester.

J'étais prête pour une opération séduction auprès de maman. Il fallait à tout prix qu'elle accepte de me prêter de l'argent, sinon notre beau projet tombait à l'eau. À l'époque, on ne communiquait pas aussi facilement que maintenant, maman et moi, alors, quand je l'appelais, elle se doutait que ce n'était pas seulement pour prendre de ses nouvelles. L'instinct maternel, c'est fort, j'en sais quelque chose maintenant. J'ai donc pris mon courage à deux mains.

Dring, dring.

— Allô, maman ! Ça va bien ?
— Très bien, et toi ? Je suis contente que tu m'appelles ! Je vais toujours te chercher à l'aéroport demain ? Tout va bien ?
— Ben, en fait…
— Quoi ?
— Tu sais, je m'amuse beaucoup et j'aimerais bien rester quelques jours de plus. J'ai déjà fait des appels et j'ai trouvé d'autres billets d'avion. Je me demandais si tu accepterais de me prêter 180 dollars. Je vais te les remettre rapidement, je te le promets !

Tout cela débité très vite pour l'empêcher de me couper la parole, bien entendu.

— Ah.

Très, très long silence.

— Qu'est-ce que tu vas faire pour ton travail ?
— J'ai déjà tout arrangé : je vais faire plus d'heures la semaine prochaine. Maman, s'il te plaît, on s'amuse vraiment...

Et là, je tente le tout pour le tout :

— Je ne veux pas te mettre de pression, mais les parents de Sophie ont dit oui !

Silence de nouveau.

— Bon, je n'ai pas vraiment le choix, non ?

Moi, folle de joie :

— Merciiiiiii, maman ! Tu es la plus merveilleuse des mamans ! Bon, je te laisse, on se voit dans quelques jours, je vais retrouver les amis ! *Have a nice day* !

Ma mère a été vraiment gentille de me prêter de l'argent. J'ai pu profiter pleinement de mes derniers jours sous le soleil. N'empêche que, bizarrement, les jours suivants ont été beaucoup moins excitants, comme si, en voulant allonger le voyage, ou étirer la sauce, on avait brisé la magie.

Ça a été une belle leçon pour moi :
toute bonne chose a une fin.

Amygdalite, FL

La semaine de relâche, quelle belle invention! Récupérer les heures de sommeil perdues et, si les conditions sont favorables, partir en vacances pour renouer avec la chaleur en plein hiver. Le bonheur.

Quand Pierre et moi, on a acheté le condo en Floride, on s'est mis à y passer la semaine de relâche, ce qui demande un peu d'organisation…

Non, soyons honnêtes : c'est tout un aria.

J'en ai déjà glissé un mot, je ne m'en sortirais pas sans listes. J'en fais plusieurs selon les courses à faire avant de partir, les articles à mettre dans les valises, ceux à placer dans les bagages de cabine, etc. Sans doute faites-vous la même chose, sinon comment y arriver sans rien oublier?

Allons-y donc : des vêtements chauds pour les soirées fraîches et des vêtements légers pour les journées collantes ; des maillots pour tous (et un par jour pour moi : on est coquette ou on ne l'est pas!) ; des souliers de sport ; des chaussures *cutes* (pour moi) ; des gougounes pour la plage (pour eux) ; de la crème en masse – FPS maximal – et des petits pots de toutes sortes (pour moi, puisque ma routine beauté ne prend pas de vacances) ; des jeux pour l'avion et des

romans (pour moi); des doudous, dont le toutou Me-Mow de Simone (si on l'oublie, c'est la catastrophe).

Une fois que cette partie est réglée, il faut s'assurer de penser à tout ce qui arrivera et *pourrait* arriver pendant notre absence: suspendre la livraison du journal; payer les comptes; demander à nos charmants voisins, Carol et Jenny, de ramasser le courrier et d'arroser les plantes; trouver une gardienne pour nos amours de cochons d'Inde, Google et Kiwi; et alouette!

Et, enfin, ENFIN, on boucle les valises et les sacs à dos des enfants, on attrape les passeports et on *fly* vers l'aéroport! C'est un départ! Youpi! C'est le temps des vacances!

Quand soudain...

Cette fois-là, il ne restait plus qu'à s'amuser et à se reposer. Sauf que… J'avais beau avoir planifié, préparé et organisé nos vacances avec la précision d'un stratège militaire, je ne pouvais pas prévoir les imprévus en *-ite*. Tout l'hiver, je m'étais croisé les doigts et j'avais servi aux enfants des quantités phénoménales de fruits et légumes bourrés de vitamines. Chanceux, on n'avait eu que des petits nez à moucher.

Pas de gastroentérite, pas de bronchite, pas de sinusite. Rien. *Nada*.

Il fallait bien qu'on paye à un moment donné…

On était bien installés sur la plage, quand mon grand Laurence m'a demandé :

— Maman ? Est-ce que ça se peut, tomber malade même quand il fait chaud ?
— Oui. Mais ça ne nous arrivera pas à nous parce qu'on est en forme et que personne n'est malade autour de nous. En plus, on n'a pas le temps d'être malades : on est en vacances !

Je ne me rendais pas compte à quel point ma phrase avait l'air d'une prière : « Ciel, Ciel, tu ne vas pas nous faire ça, hein ? »

Eh bien, oui, le ciel bleu nous a fait ça. Trois jours après notre arrivée, Laurence m'annonçait qu'il avait mal à la tête et à la gorge. En avant les Tylenol, et une bonne nuit de repos.

Mais, le lendemain, mon poulet s'est levé le visage congestionné, la gorge enflée et la fièvre prête à monter. Oh non !

Bon, par où commencer ?

Comme on est aux États-Unis, je sais que je dois d'abord appeler mon assurance voyage avant de consulter un médecin. Le service est rapide et efficace : on nous dirige vers la clinique la plus près, où on nous accueille en français. Bonjour, Floride, PQ !

— Avez-vous un rendez-vous ?
— Non. Je croyais que je pouvais me présenter et attendre…
— Oh, pas de problème, je vérifie le tout. Vous pouvez vous asseoir.

Laurence se roule en boule sur une chaise, pauvre chaton qui souffre. J'espère qu'on n'attendra pas trop longtemps. La climatisation est si forte qu'on gèle. Évidemment, je suis partie tellement vite que je n'ai pas pensé à apporter une veste. Pauvre amour, il tremble de tout son corps.

Et là, ma tête part.

Et s'il était vraiment malade… *malade* comme dans quelque chose de *grave* ?

Hello, hypocondrie !

Attendre, attendre… Grrr, c'est long, attendre. J'ai dû prendre la température de Laurence 102 fois avec le dos de ma main. En espérant chaque fois que la fièvre tombe. Je me rappelle quand les enfants étaient bébés et qu'ils ne parlaient pas encore, quand ils ne pouvaient pas dire comment ils se sentaient, où ils avaient mal : je détestais ça. Quelle impuissance devant des cris de petits bébés… et même devant des gémissements de grands. Il n'y a rien à faire, voir des gens malades, c'est extrêmement difficile… Si j'avais un don, j'enrayerais toutes les maladies du monde. Toutes !

Heureusement, l'infirmière nous appelle. Elle examine Laurence, le pèse, le mesure, prend sa température : il a de la difficulté à se tenir debout. La fièvre est très élevée. Panique ? Non. Une gentille jeune médecin se joint à nous et confirme le diagnostic d'amygdalite. *Sh**!*

Simplement du fait d'avoir reçu un diagnostic et de recevoir des antibiotiques, Laurence semble aller mieux. Je souhaite ardemment que les médicaments fassent effet rapidement. Voir mon grand poulet faire de la fièvre n'est pas normal : j'ai hâte en titi qu'il retrouve son état normal.

Laurence dort tout l'après-midi, preuve qu'il est sérieusement « amoché ». Je me sens impuissante. Pierre et moi, on reste près de lui à le réconforter et on distrait Simone en alternance. Mon poulet ne veut pas manger… Mon Dieu que c'est inquiétant quand nos enfants ne mangent pas !

C'était sans compter les poussées de fièvre de l'enfer qui surviendraient durant la nuit…

— *Take care of the dog…*
— Quoi, Laurence ? Qu'est-ce que tu dis ?
— Maman, *take care of the dog…*

On n'a même pas de chien ! C'est quoi, ce délire-là, donc ? Mon fils est possédé ! Pourquoi la fièvre ne baisse pas ?

Laissez-moi vous dire que j'ai passé une bien mauvaise nuit. Je me suis couchée près de mon fils pour pouvoir le surveiller et essayer de le soulager. Le lendemain matin, j'ai appelé le pharmacien et lui ai parlé du délire de mon fils.

— Vous devez absolument faire baisser la fièvre, m'a-t-il dit. Et, si ça remonte, rendez-vous directement à l'hôpital !
— *WHAT* ?

OK, petit vent de panique, ici. Faire baisser la fièvre… Ça nous prendrait un banc de neige ! Ah ! On aurait dû rester chez nous !

À défaut de neige (je blague, bien entendu !), on a mis Laurence dans la douche, sous l'eau fraîche, et je lui ai passé des glaçons sur le corps. Il n'a pas beaucoup apprécié, mais ça a fonctionné. La fièvre a baissé. Il me restait le combat de la soupe Lipton à mener.

— Mange un peu, Laurence ! Tu dois prendre des forces…
— Non !

Et voilà que, trois jours plus tard, il était de retour sur ses deux jambes, à courir partout et à taquiner sa sœur ! Tout un début de vacances !

Laurence, moi, maman et Simone

Mes restos c♥ups de cœur en floride, Tous situés près de mon condo!

Depuis qu'on a acheté le condo en Floride, nos vacances se sont surtout déroulées en mode rénovations. Et bien qu'il soit situé à Lauderdale-by-the-Sea, dont le slogan est « *Relax, you're here* » (« Relaxez, vous êtes ici »), on n'a pas pris beaucoup de temps pour faire du tourisme.

Néanmoins, on a déniché quelques adresses coups de cœur :

♥ **Greek Islands Taverna** (Fort Lauderdale) Ce restaurant grec familial est très populaire. Arrivez tôt, et dites à James que c'est Saskia qui vous envoie !

♥ **Houston's** (Fort Lauderdale) Ce *steak house* est un incontournable, surtout qu'il offre une vue imprenable sur les canaux de l'Intracoastal Waterway. Parfois, des clients arrivent sur d'énormes yachts. C'est *glam* pas possible ! On se croirait dans une scène de film !

♥ **Umberto's** (Pompano Beach) Un très bon resto italien familial situé lui aussi à un jet de pierre de l'Intracoastal Waterway. Des plats traditionnels impeccables. On y offre aussi un service de livraison qui nous a plus d'une fois sauvés.

♥ **Sea Watch on the Ocean** (Fort Lauderdale) Où les fruits de mer sont à la hauteur de la vue magnifique sur l'océan. On y mange aussi bien le midi que le soir. Mon conseil : demandez une table sur la terrasse du deuxième étage. Ce sera encore plus agréable.

Psitt : le mercredi soir, la bouteille de vin est offerte à moitié prix. Hi, hi !

♥ **Kilwins** (Lauderdale-by-the-Sea) Alors, là, c'est le paradis des enfants et des adultes à la dent sucrée. Cette confiserie propose des crèmes glacées, des pommes nappées de caramel, du fudge et du sucre à la crème dé-ca-dents.

♥ **BurgerFi** (Lauderdale-by-the-Sea…etailleurs) Pour un hamburger de bonne qualité qui rendra petits et grands heureux. Un délice.

Planifier ses vacances : bye-bye, spontanéité

J'ai une image d'Épinal dans la tête : celle de vacances où je me sens bien, où j'ai le temps d'écouter le chant des oiseaux et de savourer mon verre de blanc devant le coucher du soleil. Où je me laisse aller au gré du temps, au gré des jours. Où tous les moments sont savoureux et dignes d'être pris en photos.

Adieu, paysage de rêve !

Hum. Ce n'était qu'un rêêêve… *(À chantonner comme Céline !)*

Depuis que je suis maman, disons que les vacances ont pris une tout autre signification. Elles restent une période où on va relaxer (un peu), où on va se reposer (j'espère) et peut-être même dormir plus tard le matin (je rêve). Mais pour arriver à ça, bonjour, la planification, bye-bye, la spontanéité. Je m'explique.

Janvier 2015

Le retour en classe s'effectue dans la plus grande morosité possible.

— On était bien en pyjama, non ?
— Oui, mes poulets. Mais c'est le retour à la réalité…
— C'est quand les prochaines vacances ?
— À la relâche.
— Non, les vraies vacances, d'été ?
— Ah. Dans 845 963 dodos. Environ. C'est dans longtemps, ma poulette.

Surprise ! Ce n'est pas dans si longtemps que ça, parce que les prospectus, les dépliants, les courriels et les appels téléphoniques entrent à flots en ce beau janvier glacial : il faut déjà penser aux vacances d'été. On nous propose des camps pour les enfants, des activités estivales ; on nous vend, dans des publicités léchées (et très inspirantes), la découverte des coins de notre pays où on n'est jamais allés, en insistant sur le fait qu'il faut réserver tôt.

Donc, les deux pieds dans la gadoue, on doit déjà planifier ce qui va se passer dans plus de six mois, une fois l'année scolaire terminée. Les vacances des parents s'organisent toujours en fonction de l'horaire des enfants. Or, je ne sais pas pour vous, mais moi, je trouve extrêmement difficile de prédire où j'aurai envie d'être dans six mois. J'ai l'impression de faire face à un casse-tête phénoménal.

Mon métier, qui implique un horaire irrégulier, joue en ma défaveur dans cette planification à long terme. Il est difficile pour moi d'affirmer : « On prend les deux dernières de juillet et on n'y touche pas ! » Qu'est-ce que je fais si, entre-temps, un contrat se présente ?

Me voilà donc en train de planifier les camps des enfants. Pierre et moi, on souhaite qu'ils n'y aillent pas à temps complet : l'horaire irrégulier des travailleurs autonomes permet de passer du temps avec les enfants, aussi bien en profiter. Ainsi, on répartit leurs journées de camp en deux fois deux semaines. Il faut bien le dire : nos mousses, on les aime, mais eux, ils aiment quand ça bouge. Impossible de leur faire passer plus de deux jours à la maison sans qu'ils en viennent à tourner en rond. D'autant plus que leurs copains sont au camp et qu'ils adorent aller au camp. Laurence a découvert il y a quelques années le camp Croque-science, au parc national du Mont-Saint-Bruno, axé sur la nature, ce qui passionne mon petit homme. Simone, elle, préfère bouger, danser et chanter : on l'inscrit donc au camp en arts de la scène Nos Voix Nos Visages. À chacun ses champs d'intérêt : leur été n'en sera que plus mémorable.

OK, les inscriptions sont faites.

Ensuite, il faut planifier les vacances familiales. Quand on est pigiste, vous le savez peut-être, on ne refuse pas de contrat. Mais il faut vivre… C'est pourquoi je me dis : « Saskia, il faut que tu t'arrêtes de toute façon, tu n'as pas le choix. Tu veux passer du temps avec les enfants pendant l'été, donc tu dois choisir une date et la garder. »

Pierre et moi, on a consulté nos agendas et l'horaire de nos tournages, et on a réussi à bloquer trois semaines de congé. Et à ce moment-là, à force de planifier la vie de tout ce beau monde, j'ai constaté que j'étais en train de décider ce que j'allais faire pendant les vacances : exactement ce qui me donne mal à la tête. On a donc décidé de planifier le moins possible, sauf une semaine à notre condo en Floride. On y a des amis qui ont des enfants : une combinaison gagnante. Le reste du temps, on souhaitait le passer au Québec en mode « liberté ».

Des vacances non planifiées. Je ne sais pas si c'est possible, mais c'est ce que j'aimerais. Avoir la flexibilité d'aller chez Marie-Pierre, qui habite à Gatineau et qui a toujours de la place pour nous recevoir sans chichis. En plus, elle a trois enfants… Vous me voyez venir : des enfants qui jouent ensemble, ce sont des parents heureux ! Bon plan !

Ensuite… Oh, il y a maman dans Charlevoix qui se fera une fête de nous recevoir. J'éprouve toujours beaucoup de bonheur à me rendre dans cette magnifique région. Et retrouver ma mère est si agréable !

Et il y a la famille de Pierre, à Québec : les enfants s'amusent tellement quand ils voient leur tante Véro, leurs cousins Théo et Daphnée et leur papi Dédé ! Et pourquoi ne pas en profiter pour pousser jusqu'au Saguenay, voir le reste de la famille ?

Mais… chut. On ne le dit pas tout de suite. On va y aller avec l'esprit du moment. On ne veut pas créer d'attentes ni chez nos petits ni chez nos parents. Les vacances sont faites pour prendre du bon temps, pas pour gérer des déceptions, non ? Et si, à la date convenue, le plan ne tenait plus ?

Eh bien, c'est exactement ce qui s'est produit l'été dernier ! Après avoir bloqué des dates dans notre emploi du temps familial, il a fallu rebrasser les cartes. J'ai été obligée d'appeler à la Ville de Saint-Bruno pour changer les semaines de camps. D'appeler des gens chez qui on s'était annoncés et de nous décommander. De leur promettre autre chose et de faire des compromis…

Et de remettre les projets de détente à l'an prochain !

Conseils d'amie

par Magalie Lebrun,
coach familiale et conférencière

. . . .

La routine sacrée... La sacrée routine!

La première chose qu'on a hâte d'abandonner durant les vacances, c'est la routine métro-boulot-dodo! Dormir le matin, ne pas faire de lunchs ni de devoirs... Vive la bohème! Pourtant, à la fin de l'été, ce à quoi nous avons le plus hâte, c'est justement le retour à notre chère routine!

La routine est essentielle notamment pour les enfants: elle est rassurante, car elle leur permet d'anticiper ce qui s'en vient.

À quel moment instaurer une routine? Selon le moment qui «accroche» le plus dans la semaine: ce peut être les matins d'école, l'heure des devoirs, les repas, l'heure du dodo, les tâches domestiques, etc.

Comment intégrer la routine à notre horaire? En notant sur une feuille les étapes qui la composent (voir *10 trucs pour des matins harmonieux*, page 135). Un peu comme la liste des ingrédients d'une recette.

○ ○ ○

o o o

Pour les plus petits, on ajoute à cela des picto-grammes, ou on met une photo d'eux en train de faire l'action en question. L'avantage : en participant à sa conception, les enfants se sentent encore plus impliqués dans *leur* routine !

La routine peut irriter certains parents, car elle devient rigide et qu'on ne peut y déroger. Par contre, elle permet aux enfants de s'organiser et de devenir plus autonomes. Elle ne devrait donc pas être perçue négativement, mais plutôt comme un puissant outil pédagogique.

C'est quand,
les vacances ?

3 idées pour prendre du bon temps chez soi

★ On désactive la sonnerie du réveille-matin. Un incontournable.

✩ On se donne le droit de choisir. Par exemple, Simone veut des croquettes de poulet midi et soir ? Top. Laurence veut passer la journée à jouer sur la tablette ? Top. Maman veut regarder des films de filles en rafale, n'en déplaise aux marmots ? Top, top, top.

★ On invite des amis des enfants à passer la journée et la nuit à la maison. L'organisation requise pour faire un repas pour quatre mousses au lieu de deux et préparer des lits de camp en vaut amplement la peine quand on voit le plaisir que les enfants ont en retour.

Ah, les vacances!

Ma merveilleuse
belle-soeur Véronique

Dans le Charlevoix

Vie de couple... ou pas

Une séparation

En septembre dernier, Pierre et moi, on a mis fin à notre relation de couple. C'était quelque chose d'assez difficile à vivre, merci. Il n'y a pas que notre couple qui a pris fin à ce moment-là : il y a aussi notre vie de famille.

La vie de famille dont j'avais rêvé : un papa, une maman, un grand garçon, une petite fille. Ce quatuor représentait beaucoup pour moi, pour nous. Mettre fin à notre vie de famille, c'était comme déchirer une partie du livre de ma vie. Ma famille n'existera plus jamais comme elle a été. C'est une réalité d'une extrême tristesse, et je ne suis pas certaine que mon chagrin disparaîtra un jour. Oui, le temps passe et les douleurs s'apaisent. Mais l'échec d'un rêve reste toujours pénible.

Heureusement, Pierre et moi, on a été grands dans cette épreuve. On a pris notre décision avec respect et en faisant preuve d'une grande écoute l'un pour l'autre. Après notre séparation, quand je le voyais, j'avais encore envie d'être près de lui. Même les gens qu'on côtoyait nous disaient qu'on ne donnait pas l'impression d'être deux ex. Il n'est écrit nulle part que deux ex-amoureux doivent se quereller, non ? Notre façon de nous quitter, en douceur, a énormément contribué à apaiser les enfants. Mon grand

Laurence m'a dit un jour : « Je suis triste mais, heureusement, il n'y a pas de guerre entre vous. Vous restez amis et c'est plus facile pour nous. »

Je m'accroche à ces quelques mots quand j'ai envie de me fâcher.

Oh, pas me fâcher contre Pierre, mais contre cette nouvelle situation. Je suis capable de distinguer les deux. Ça me désole d'être rendue là dans ma vie.

Mais, comme toujours, je garde le cap : je veux être heureuse et rendre mes enfants heureux. Ma peine, je la garde pour moi : pas besoin de la leur montrer, ils n'ont pas à me consoler. Je suis une « grande fille ». Je prends donc de grandes respirations pour me recentrer et je continue d'avancer. Je me concentre sur ce que j'ai de beau, par sur ce que je n'ai pas. Et ce que j'ai de plus précieux, ce sont Laurence et Simone. Je leur répète souvent qu'en dépit de notre situation, Pierre et moi, on les aime plus que tout et on sera toujours là pour les écouter et les accompagner. Toujours. Voilà pourquoi continuer à faire équipe avec Pierre est mon souhait le plus cher. Après tout, on a donné la vie à ces deux beaux amours ensemble, et ça, on ne l'oubliera jamais.

L'amour, toujours l'amour

N'est-ce pas le plus beau sentiment ? Qu'il soit doux ou intense, il est toujours bon. L'amour se vit de toutes sortes de façons et à toutes sortes de niveaux. Mais une chose est certaine : la quête d'amour est universelle, et, quand l'amour frappe, c'est tellement fort, tellement beau.

Il était une fois...

... une petite fille qui rêvait du prince charmant. Cette petite fille avait sûrement vu trop de films de princesses mais, peu importe, ça lui a fait une belle enfance.

Longtemps, j'ai rêvé au prince sur son magnifique cheval blanc. Oui, bon, inutile de vous dire que j'ai vécu quelques déceptions...

À l'adolescence, j'ai connu l'amour à sens unique. Je ne faisais pas partie de ces filles qui avaient la cote, alors je craquais souvent pour de jeunes hommes qui ignoraient que j'existais. Mon cœur a été brisé plus d'une fois. Mais je suis rationnelle au-delà de mon fond romantique : l'amour à sens unique n'étant pas gagnant, je me remettais assez vite de ces chimères.

Et puis, au moment où je m'y attendais le moins, coup de foudre !

C'était un 23 janvier. Quand je l'ai vu, la Terre a arrêté de tourner. Je l'ai aimé tout de suite. Bon, il n'avait pas de cheval blanc, mais il était magnifique dans son manteau rouge. Je capotais ! Je me rappelle avoir dit à mes copines : « Lui, là-bas, ce sera mon amoureux. » Je l'ai su tout de suite. Je ne me souviens plus qui, de lui ou de moi, a fait les premiers pas. Mais je me souviens que, quand on s'est quittés ce soir-là, il avait mon numéro de téléphone en poche ! Je n'ai pas eu à dormir trop longtemps avec mon téléphone puisqu'il m'a appelée rapidement et que, quand on s'est revus, Cupidon était avec nous.

Enfin, je connaissais un amour partagé. On pouvait passer des heures à seulement se regarder dans les yeux. Je ne vivais que pour lui. Hum... Près de 25 ans plus tard, quand je repense à cette première histoire d'amour, ça me fait bien sourire.

Pierre

J'ai connu Pierre alors que je sortais d'une séparation. C'était une surprise : à l'époque, je n'étais pas du tout certaine d'avoir envie de former de nouveau un couple. Mais Pierre et moi, on a vécu une belle histoire qui mérite d'être racontée.

En octobre 2001, je vivais une période creuse dans ma carrière. C'était l'époque où je faisais les tirages de Loto-Québec deux ou trois soirs par semaine, à raison de 12 heures de travail… Je disposais donc de beaucoup de temps. Je venais d'emménager dans un nouvel appartement et je passais de nombreuses heures à le mettre à mon goût: de petites rénos et beaucoup de peinture et de déco!

Cela dit, c'était bien beau, de décorer mon appartement, mais j'avais aussi besoin de travailler pour gagner ma vie et m'occuper. Ma mère travaillait à ce moment-là à la production de *Jean Duceppe*, une télésérie présentée à Télé-Québec. Un jour, je lui ai demandé les coordonnées de la personne qui s'occupait des figurants. (Il n'y a pas de honte à faire jouer ses relations!) J'ai laissé un message dans la boîte vocale de cette dame, qui m'a rappelée pour me demander de me présenter à la toute dernière journée de tournage: elle avait besoin d'une fille. Parfait!

Je connaissais plusieurs membres de l'équipe technique, alors m'intégrer sur ce plateau a été très facile. Maman était aux costumes, son amoureux Mario, aux accessoires. Même si je n'étais qu'une figurante sans aucune ligne de texte à dire, vous imaginez bien que ça ne m'a pas empêchée de jaser avec tout le monde! La journée était super plaisante: vous savez, ce genre de journée où on se sent bien, belle

et dotée d'une personnalité éclatante ? Le fait que j'étais la seule femme sur un plateau dominé par des hommes faisait en sorte que les regards se dirigeaient vers moi, ce qui était excellent pour mon ego, je dois bien l'avouer !

Maman et Mario, un couple inspirant

Le moment est venu pour moi d'entrer en scène : le réalisateur me faisait jouer une journaliste qui devait interviewer le jeune Raymond Bouchard. Et devinez qui jouait ce personnage…

Pierre-Alexandre Fortin.

Lui aussi, je l'ai aimé tout de suite.

Malgré certains hauts et bas, l'amour, plus fort que tout, nous a guidés vers la vie de famille. En 2005, la naissance de Laurence, notre « poulet », a changé notre vie… et ma définition du mot *amour*.

Oh là là !

Pourtant, même si j'ai ardemment souhaité l'arrivée de mon fils et que je l'ai attendu avec joie, je ne suis pas tombée amoureuse de lui dès sa naissance. Ça vous choque peut-être, mais je pense que l'adaptation à un nouvel être dans notre vie est normale. Et ce petit homme-là venait chambouler la vie agréable que Pierre et moi, on s'était construite. Ce n'est que cinq semaines après l'arrivée de Laurence que l'épiphanie s'est produite : l'amour inconditionnel venait de me frapper de plein fouet. Je me rappelle encore la vague puissante qui m'a submergée et qui m'a même fait dire à Pierre : « Je pense que je ne t'aime plus ; j'aime trop Laurence. »

Bon, il faut croire que ça s'est replacé, puisque nous avons remis ça trois ans plus tard : Simone est née et, avec elle, le coup de foudre a été instantané. Je ne voulais pas passer une seule minute sans l'aimer profondément, de tout mon être.

À mes enfants, j'enseigne que l'amour se vit chaque jour et se trouve dans les gestes simples : un regard tendre, une caresse, un câlin (j'adore les câlins), un mot gentil, un beau sourire, un éclat de rire, un coup de fil…

Comme le temps passe vite !

Mini-Laurence

Mini-Simone

Gérer son couple. Aïe...

Il s'est passé de nombreux événements depuis notre rencontre, à Pierre et à moi, toute une gamme d'émotions et de questionnements nous a traversés. Pierre a été un amoureux formidable, et j'avais deviné qu'il serait aussi un merveilleux père. Un jour, cependant, il a confié ces mots en entrevue : « Les enfants, c'est pas fait pour un couple ! » Sur le coup, tout le monde a ri, mais, quand on s'arrête pour y penser, d'une certaine façon, il avait raison, et ce, même s'il adore nos mousses : avoir des enfants est un don de soi entier. Je suis prête à tout pour mes enfants. C'est naturel. Mais, nécessairement, si les enfants passent en premier... et qu'ensuite chacun de son côté s'oublie en partie... alors le couple, eh bien, il passe en dernier. Et quand on dégage du temps dans son horaire chargé pour se retrouver à deux, de quoi parle-t-on ? Des enfants, bien entendu. Le couple finit par ne plus exister.

Il n'y a pas de recette du couple parfait ; il y en a autant qu'il existe de couples qui durent. Ce qui fonctionne pour les uns ne fonctionne pas forcément
pour les autres. Tout dépend de ses besoins, de ses
attentes et de ce qu'on est prêt à donner de soi-même.
Quand les conversations sur l'oreiller, après l'amour,
deviennent « Il faut qu'on se parle », c'est lourd. Et
quand communiquer en arrive à représenter un fardeau, il est normal qu'on se pose la question « Où s'en
va-t-on avec cette histoire-là ? »

Je me souviens d'avoir lu dans le livre *Les hommes
viennent de Mars, les femmes viennent de Vénus*
qu'on ne peut pas demander à la personne qu'on a
choisie de changer. Mon chum, je l'avais choisi pour
qui il était, il fallait donc que je l'accepte comme
tel. Il fallait aussi que je m'améliore moi-même : je
sais bien que je suis imparfaite et parfois exigeante.
Mais, à un certain moment, quand l'amour fait place
à la gestion des différences, il faut se rendre à l'évidence : on n'est plus faits pour être ensemble. Rester
en couple est un énorme défi, et faire durer l'amour,
un plus grand défi encore. Chose certaine, je n'ai pas
envie de me comparer aux couples qui durent et d'essayer de trouver « ce que j'ai fait de pas correct » ; j'ai
ma propre vie à mener.

Hé, les mamans, si on parlait de sexualité?

Un jour, il est arrivé dans mon entourage un événement qui m'a donné le goût de discuter de sexualité avec une professionnelle. Pas pour mon bénéfice personnel (je vous vois sourire…), mais au profit de mes petits poulets. Je me suis dit que, si les magazines féminins font grand cas de nos performances au lit, on nous aiguille pourtant mal sur la façon de parler de sexualité avec nos enfants. Ah! Ça devait arranger nos parents quand il y avait des cours de sexualité dans les écoles: ils pouvaient réduire la discussion au minimum! Mais là, veut, veut pas, si on désire que nos mousses comprennent ce qu'est une sexualité saine (je parle des tout-petits, avant qu'ils soient ados), on n'a pas le choix de s'y coller. J'ai donc communiqué avec la sexologue et auteure Jocelyne Robert, et on a eu une longue conversation sur la question. Vous trouverez, aux pages suivantes, quelques conseils issus de nos échanges. Pour poursuivre la réflexion, je vous encourage à consulter les nombreux ouvrages de Jocelyne Robert (Les Éditions de l'Homme), dont:

✱ *Parlez-leur d'amour et de sexualité — Faire l'éducation sexuelle de ses enfants et de ses ados*

✸ *Ma sexualité (de 0 à 6 ans)*

✱ *Ma sexualité (de 6 à 9 ans)*

✸ *Ma sexualité (de 9 à 11 ans)*

Conseils d'amie
par **Jocelyne Robert**,
sexologue et auteure

Conseil n° 1 : Prendre conscience
que la sexualité fait partie de la vie

La sexualité ne devrait pas être un sujet plus tabou, avec nos petits, que l'alimentation ou le partage des jouets. En parler devrait être naturel, et on devrait mettre l'accent sur le fait que la sexualité, c'est bon et c'est beau. Ainsi, si l'enfant se trouve un jour dans une situation inadéquate (subir une tentative d'abus sexuel, ou tomber sur un film porno), il aura déjà les bases lui permettant de déterminer ce qui est acceptable et ce qui ne l'est pas.

Conseil n° 2 : Saisir les occasions
favorables pour parler de sexualité

Certains parents font un véritable cérémonial au moment de parler de sexualité avec leurs enfants, attendant qu'ils « soient rendus là ». C'est bien, mais on peut aussi le faire de façon moins officielle, par exemple en regardant une scène à la télé, ou en voyant un couple qui s'embrasse. Souvent, les petits sont mal à l'aise avec cette intimité. Il ne faut pas s'en moquer, mais plutôt leur expliquer : « Ça te gêne pour l'instant mais, quand tu seras plus grand (ou plus grande), tu seras moins mal à l'aise. Tu vas trouver ça

o o o

o o o

plaisant. » De plus, si on surprend nos petits à jouer au docteur ou à comparer leurs organes génitaux, il faut éviter de les sermonner et de les rendre honteux, et plutôt leur assurer qu'il est normal d'être curieux, tout en les prévenant de ne jamais l'être avec les plus grands, même pas ceux de leur famille.

Conseil nᵒ 3 : Être un modèle

On l'a déjà dit plus tôt, un enfant comprend bien plus grâce à l'exemple qu'aux mots. Un parent donne autant d'information sur la sexualité par sa façon d'être que lorsqu'il aborde le sujet verbalement. Dans sa manière de s'habiller, de se comporter, de se faire respecter et de communiquer, un parent transmet des messages à ses enfants. Une fillette s'identifiera à sa mère, à sa tante ou à sa prof et, lorsqu'elle vivra une situation nouvelle, elle se dira : « Il me semble que c'est comme ça qu'on doit faire… » Si on parle de sexualité en étant gênée, l'enfant retiendra que c'est un sujet gênant. Si on en parle de façon normale, l'enfant retiendra le message sans connotation négative.

Conseil nᵒ 4 : Respecter les enfants introvertis

Certains enfants sont plus hermétiques, plus timides, parlent moins. Ça ne signifie pas qu'on doive éviter de leur parler de sexualité, mais on peut le faire avec plus de subtilité, sans aborder le sujet de front. Par exemple, le parent peut dire « J'ai lu telle chose dans

o o o

○ ○ ○

ce livre-là; toi, qu'est-ce que tu en penses?», puis donner la parole à son enfant, plutôt que d'aborder le sujet comme un cours magistral. Peut-être que l'enfant sera gêné malgré tout et répondra: «Je n'en pense rien! Je trouve ça plate! Ça me gêne de parler de ça! Je ne veux pas en parler!» Si c'est le cas, on n'insiste pas, mais on peut tout de même souligner: «OK, mais sache que je suis là si tu as besoin d'en parler.»

. . . .

Conseil n° 5 : Faire référence à soi

Ce conseil revient à dire que le parent est un modèle: nos enfants aiment généralement se faire rappeler qu'on a déjà été jeune, et que ce qu'ils vivent, eh bien, on est passé par là. La phrase clé: «Je me souviens, quand j'avais ton âge (ou quand j'ai vécu la même situation que celle que tu vis en ce moment), je ne me sentais vraiment pas bien.» Les enfants adorent les histoires vraies. D'un père, d'une mère, de n'importe quel proche qui se met en situation, qui se raconte. Un père qui raconte une histoire de pêche abracadabrante captivera son enfant; un père qui raconte la première fois où il a embrassé une fille en fera tout autant, surtout s'il raconte la vérité, les maladresses, les malaises… Le message laissé est que, derrière le père ou la mère, il y a un garçon ou une fille capable de comprendre ce que l'enfant vit. Autrement, l'enfant ne les verra que comme des parents qui possèdent la vérité et imposent des interdits. Dans ces cas-là, il n'y a pas grand risque à ouvrir la communication…

○ ○ ○

o o o

Conseil n° 6 : Enseigner les «vrais» mots

Ce conseil ne signifie pas qu'il faut éliminer les petits mots poétiques, coquins ou métaphoriques. Si une fillette appelle sa vulve sa «lune» et qu'un garçon appelle son pénis son «rikiki», ce n'est pas la fin du monde. L'important est de dire : «Le vrai mot, c'est *vulve* ou *pénis*.» Il faut en outre éviter d'utiliser des mots dévalorisants : «trou», «batte», etc. ; ils sont remplis de connotations négatives. Les filles n'ont pas de trou ; elles ont un vagin. De plus, on ne définit pas une fille par ce qu'elle n'a pas, par exemple : «Tu es une fille parce que tu n'as pas de pénis.» On dit plutôt : «Tu es une fille parce que tu as une vulve, un vagin, un clitoris et qu'un jour tes seins grossiront.» Et il faut enseigner aux garçons que leurs seins à eux ne grossiront pas ; pas leurs pectoraux, leurs *seins*. Plus d'un garçon est gêné d'apprendre qu'il a des seins, alors que c'est la normalité. Le langage vient illuminer l'estime de soi ou l'assombrir selon la façon dont on nomme ce qui appartient à notre sexe.

Conseil n° 7 : Éviter de répéter les maladresses de nos parents

Vous ne vous sentez pas très à l'aise de parler de sexualité parce qu'on ne vous a jamais appris à le faire avec respect ou maturité ? Eh bien, personne n'est tenu de faire la même chose avec ses enfants. Se prêter à un bref examen de conscience peut être

o o o

○ ○ ○

utile, histoire d'être bien préparée quand on aborde le sujet avec nos petits : «Qu'est-ce qui me met mal à l'aise dans le fait de parler de sexualité ? Qu'est-ce que je veux transmettre ? Qu'est-ce que j'ai reçu comme éducation ?» On peut très bien arriver à la conclusion qu'on n'a pas envie de transmettre certains clichés, ou de la honte, quant à la sexualité.

Conseil n° 8 : Établir la différence entre sexualité saine et pornographie

Les enfants sont fréquemment exposés à des messages de sexualité irrespectueuse à travers des vidéos, des chansons, des images pornos sur lesquelles ils tombent dans Internet, parfois sans même les chercher. Il est essentiel de transmettre à nos enfants de beaux messages et des images saines de la sexualité, de bien les informer, et de leur offrir le contrepoids respectueux de ce qu'ils découvriront éventuellement de malsain. Souvent, les enfants fanfaronnent et disent qu'ils savent tout ; il ne faut pas le leur laisser croire. Oui, ils connaissent toutes sortes de choses sur la sexualité, mais souvent ce sont des choses invraisemblables qui n'ont rien à voir avec la vraie vie ni avec le stade de développement sexuel où ils en sont.

Bon, est-ce que c'est l'heure de l'apéro, maintenant ?

Heu... (Je vous préviens, lisez les lignes qui suivent avec humour!)

Libido, où es-tu?

Au fil des années, j'ai vécu de nombreux hauts et bas avec... «Libido». Je ne mets pas de déterminant devant le mot intentionnellement: Libido, chez moi, était un personnage qui faisait partie de mon couple.

Un personnage qui a souvent raté son *cue* pour entrer en scène, pour tout vous dire. Pas fiable.

J'ai cru avoir oublié Libido à Cuba, en 2009. Je ne le trouvais plus dans mes bagages ni dans mon lit. Le temps qu'il revienne, l'agence de *casting* m'a envoyé d'autres acteurs pour prendre sa place: Fatigue, Boulot, Émotions, Horaires-de-fou et J'ai-pas-la-tête-à-ça (pas drôle, lui).

Ha. Ha.

Je fais bien des blagues, mais je me suis souvent ennuyée des premières rencontres avec mon homme, où un simple regard me faisait fondre et oublier toutes mes obligations. Bien sûr, il est normal qu'avec les mois et les années, le corps vibre moins dans la routine. Certains avancent même que nous, les femmes, on est programmées pour avoir des enfants et que, une fois qu'on en a, faire l'amour passe au 328e rang de nos priorités, après les besoins des petits, les dossiers à finir au boulot et le train-train de la maison. Dans ce maelstrom d'obligations de toutes sortes, la spontanéité en prend pour son rhume.

Qui ça, Spontanéité? Celle qui est restée à Cuba avec Libido?

À en parler avec d'autres femmes autour de moi, il n'y a pas que mes deux personnages qui ont pris la poudre d'escampette: les leurs aussi. Il semble que, pour beaucoup de femmes, le désir de rapprochement est intimement lié au bien-être dans leur couple. La femme aurait effectivement besoin que son couple aille bien pour avoir envie de faire l'amour, tandis que l'homme aurait besoin de faire l'amour pour sentir que son couple va bien !

Heu…

Conseils d'amie
par la **Dre Julie Pelletier**,
sexologue

. . . .

Le va-et-vient de la libido
Quelques conseils pour couples en panne

Déjouer la routine

La vie de couple comporte souvent des soubresauts! Afin de maintenir le cap, il est parfois nécessaire de se donner un petit élan. La routine et les habitudes de vie confinent régulièrement les partenaires dans des secteurs d'activités différents, c'est normal! Pour déjouer tout cela, assurez-vous de vous réserver suffisamment de temps ensemble: on coupe la télé, on ferme les appareils électroniques et on passe en mode « délicates attentions »... Au moins deux fois par semaine! Tous les jours, que ce soit quelques minutes avant d'aller au lit, au sortir de la douche ou encore avant de partir pour la journée, on s'assure de s'embrasser, de se faire un câlin et de se dire « je t'aime »!

Rester amants

Nos enfants, on les adore! Il n'est donc pas étonnant qu'ils prennent tant de place dans nos cœurs et dans nos vies! Mais n'oubliez pas: vous étiez des amants avant d'être des parents! Afin que votre lit ne serve

o o o

○ ○ ♀

pas uniquement à vous endormir, soyez vigilants : dormez suffisamment, faites du sport, mangez bien, riez souvent. Mais la clé la plus importante pour déverrouiller la routine, c'est sans contredit les rendez-vous sexy ! À l'abri du quotidien, osez vous donner des rendez-vous amoureux au moins deux fois par mois et respectez-les rigoureusement – sinon, gare au retour des mauvaises habitudes ! Nul besoin de dépenser des sous chaque fois. Les tête-à-tête favorisant les échanges, un souper romantique une fois les enfants couchés et le tour est joué !

Sexotruc

Inutile de connaître le *Kamasutra* en entier pour vivre une sexualité épanouie ! Les sexotrucs les plus « chauds » sont sans doute ceux qui mettent en vedette les amants eux-mêmes ! Alors, osez être vous-mêmes, prenez votre temps pour explorer le corps de l'autre, sachez cultiver vos sens – tous vos sens – et ne zappez pas les préliminaires car, si vous parvenez à faire monter le désir, cela vous ouvrira toutes grandes les portes du plaisir !

Toute seule pour la première fois un samedi

Octobre 2015

Me voilà seule un samedi soir, sans enfants, sans amoureux.

Seule pour la première fois. En fait, je me souviens difficilement de la dernière fois où c'est arrivé.

Prendre la décision de se séparer est un long processus. On y va étape par étape et, comme me l'a si bien dit ma mère, «une heure à la fois». Surtout, ne pas précipiter les choses.

Dans notre cas, à Pierre et moi, on a dû apprendre à vivre sous le même toit en étant séparés parce que, même si la décision était prise, elle n'était pas encore «mise en application». Il fallait du temps pour organiser ce qu'on avait en commun avant de dire à notre entourage et aux enfants que «Saskia et Pierre», c'était fini.

Heureusement, on s'est entraidés. Notre séparation s'est très bien passée. (*Comment se séparer sans trop se chicaner…*) Je suis tellement fière qu'on ait réussi à mettre fin à notre vie d'amoureux sans crises, sans méchanceté, sans se dire des mots qu'on aurait pu regretter pendant longtemps. On a toujours fait une super équipe, Pierre et moi, toujours très bien travaillé ensemble. Et je souhaite sincèrement qu'on continue ainsi, pour le bonheur de nos enfants et pour le nôtre aussi. Certains ont cru que c'est faire des rénovations ensemble qui nous a menés à la rupture. Ah, c'est tellement plus complexe ! Avec un peu de recul, je réalise que ça faisait un long moment que notre complicité d'amoureux s'estompait et que prendre une décision sur notre avenir était inévitable.

Évidemment, il a fallu apprendre la nouvelle à nos enfants et à nos proches. En tant que personnalités publiques qui entretiennent une belle complicité avec le public, Pierre et moi, on a aussi pris la décision d'annoncer ensemble notre séparation sur les réseaux sociaux. Je n'essaierai de faire croire à personne que mettre un terme à sa vie de couple est facile, surtout quand des enfants sont impliqués. Les enfants sont tellement intelligents et sensibles. Bien sûr, ils ont pleuré. Mais on s'est montrés disponibles pour répondre à toutes leurs questions, et il y en a sûrement eu 1 000... L'amour, la culpabilité, le sentiment de sécurité ébranlé : tout y est passé. Mais Pierre et moi, on était ensemble, côte à côte. On sera toujours là pour nos amours.

Maintenant que tout ça est derrière moi, la poussière retombe; le stress est passé. On est samedi soir. Je me suis lovée sur mon canapé, habillée en mou. Les enfants sont partis chez Pierre tantôt. Oh, j'ai tourné en rond dans la maison après leur départ, comme un lion en cage. Je ne savais pas trop quoi faire. Je suis allée à l'épicerie pour m'acheter un repas prêt à manger, mais rien ne me tentait, alors je suis revenue bredouille. Puis, pleine de bonnes intentions, j'ai commencé le ménage du bureau, tant qu'à avoir du temps devant moi, et toute ma concentration… Mais j'ai eu la mauvaise idée d'ouvrir le tiroir de Pierre. Il était vide. Ça m'a donné un grand coup.

Je suis assise sur le divan depuis ce moment-là. Le chagrin fait place à une sorte de tranquillité que je dois apprivoiser. Je me sens vulnérable : ça me donne le vertige. On m'a dit que ça arriverait, mais que je finirais par savoir profiter de ces moments de solitude.

Mais, ce soir, je suis seule pour la première fois, sans enfants, sans amoureux, et j'ai mal.

Notes

CHAPITRE 7

Mon bonheur
à la maison

Dans ma cour

Heureuse banlieusarde

Toute ma vie, j'ai vécu en ville.

Quand on habitait Québec, ma mère et moi, nos logements étaient situés dans les quartiers Limoilou, Sainte-Foy, Montcalm. Puis, à Montréal, on a valsé entre le Mile End et Rosemont. On a toujours habité en appartement, maman n'ayant pas les moyens d'acheter une maison unifamiliale et les condos n'ayant pas encore commencé à pousser comme des champignons. Je n'avais pas de cour où jouer, mais on allait souvent dans les parcs, et je me souviens des merveilleux pique-niques qu'on faisait sur les plaines d'Abraham. On passait des heures à manger sur la nappe, à jouer sur les pelouses et à respirer le grand air. C'était magique.

Ma mère a toujours eu le don de rendre nos logements chaleureux et accueillants. Avec quelques dollars à peine, elle faisait un décor dans le temps de le dire. En fait, je pense bien qu'elle était la précurseure de *Décore ta vie* ! Ce n'est pas pour rien que cette émission me colle à la peau : faire du beau avec peu de moyens, je suis tombée dedans quand j'étais petite !

J'ai habité longtemps avec ma mère. (Appelez-moi «Tanguette» si vous le voulez !) J'étais bien, et on ne s'est jamais tombé sur les nerfs. Ma mère louait une maison de campagne où elle passait beaucoup de temps, j'étais donc souvent seule en ville. Et puis, pendant qu'on est aux études, on est si bien à la maison… même si on a 23 ans et qu'on vient de retourner sur les bancs d'école! C'est mon premier contrat rémunéré, à 25 ans, qui m'a permis de prendre mon envol. Ça, et un extrême et puissant désir d'indépendance.

Mes boîtes à moi

Mon premier appartement était minuscule, mais tellement charmant! Situé en plein cœur du Mile End, sur l'avenue Casgrain, tout près de Laurier… Un des plus beaux endroits de Montréal, à mon avis. J'avais décidé de peindre mon appartement tout blanc, comme un canevas neuf, une toile de fond.

Maman m'a toujours dit :

 L'important, pour la première nuit dans un nouvel environnement, c'est d'avoir un lit propre!

Après quelques semaines dans mon nouveau nid tout blanc, j'étais prête pour de la couleur. À cette époque, tout le monde ne vivait que pour le style provençal, avec ses coloris éclatants, ses tournesols et ses recettes sublimes à l'huile d'olive et aux tomates.

J'ai donc badigeonné mes murs d'un beau jaune soleil, disposé des plantes vertes, accroché des miroirs aux murs face aux fenêtres (pour décupler la lumière du jour et donner l'impression d'agrandir l'espace) et branché de jolies lampes dans les coins pour obtenir une belle ambiance.

Au départ, maman m'avait gentiment offert des meubles en mélamine noire, que j'ai peints en blanc en me faisant croire que c'était du bois blanchi. Ouf! J'ai découvert IKEA par la suite. Mon appart était meublé de peu de choses, mais j'y étais heureuse.

Après deux ans de contrats, j'avais mis assez de sous de côté pour passer d'un appart mini à un 4 et ½, toujours au cœur de la ville, dans le feu de l'action. Cet appartement-là aussi, je l'ai adoré. J'y ai même fait des améliorations : c'était plus fort que moi. J'ai la passion des beaux environnements ! Mes propriétaires m'aimaient beaucoup, et moi, je leur étais reconnaissante de me laisser modifier l'appart, mais…

… j'en suis partie pour me retrouver de nouveau à l'adresse familiale ! Hein, quoi ? En plus d'être une « Tanguette », j'étais une enfant boomerang ?

Mais non ! J'ai emménagé au rez-de-chaussée du duplex dont ma mère était propriétaire. Les locataires

avaient quitté le pays et, quand maman m'a offert
de prendre le logis du dessous, je n'ai pas pu refu-
ser. C'était un endroit que j'adorais, où il faisait bon
vivre. Pas question de laisser passer cette chance!

En outre, cet appartement possédait deux qualités
souvent recherchées chez un logement en ville:
une belle luminosité et une cour. Wow! Je pouvais
organiser des soupers sur ma terrasse, profiter de
la verdure! J'ai tellement aimé cet appartement
que, lorsque maman a mis son duplex en vente,
en 2009, c'est moi qui l'ai racheté. La travailleuse
autonome que je suis a fait un investissement pour
ses vieux jours… Quand j'y retourne, même après
toutes ces années, j'éprouve encore beaucoup de
nostalgie. C'est là que ma vie avec Pierre a débuté,
après tout.

Encore des boîtes!

Après avoir vécu quelques mois dans mon duplex,
Pierre et moi, on a profité d'une occasion favorable
en achetant un triplex dans Rosemont. Je venais de
commencer les tournages de *Décore ta vie* et j'avais
envie de tout changer et de rénover. Cette maison
m'a bien servie! Chantier par-dessus chantier, ça
n'arrêtait pas. C'était mon terrain de jeu.

À travers tous ces changements, toute une surprise : je suis tombée enceinte ! Pour moi, il était tout naturel d'élever mon enfant en ville, mais Pierre, qui vient de la banlieue de Québec, me parlait de plus en plus de nous éloigner un peu. Je peux comprendre les parents qui cherchent à recréer les modèles de leur enfance : moi, mes références, c'étaient les immeubles à logements, les ruelles, la promiscuité ; pour Pierre, c'étaient les grandes cours et les rues peuplées d'enfants, et non de voitures…

Il avait tenté de me parler plusieurs fois d'une éventuelle migration en banlieue, mais je faisais toujours la sourde oreille. Pas question, pour moi, de traverser les ponts. Puis, un jour, j'ai accepté qu'on aille fouiner un peu. On a visité quelques maisons, mais rien ne me plaisait : trop vieux, trop loin, trop de rénos, pas assez d'âme… Comme on ne trouvait pas, je me disais qu'on n'était pas mûrs pour ce changement.

Un jour, pourtant, tadam ! Notre courtier immobilier est arrivé avec la maison parfaite. Oui, il y avait des rénos à faire, mais juste assez pour la mettre à notre goût. Et elle en a subi, des rénovations, autant dedans que dehors : on a refait la cuisine deux fois (la deuxième était la bonne !), on a tout repeint au moins deux fois aussi (pour suivre les modes), on a réaménagé l'entrée (pour la rendre plus efficace avec les enfants), on a changé le décor du salon trois fois (trois fois passera…), sans compter les chambres des enfants qui évoluent toujours…

J'ai craqué pour un style champêtre, lumineux et délicat, qui fait de cette maison un petit nid douillet. Je l'habite toujours : lors de la séparation, il était tout naturel que je continue à y vivre ; elle fait partie de mon équilibre. Chaque jour, j'ai hâte de rentrer et, quand la belle saison arrive et que la nature explose, je suis une heureuse banlieusarde qui n'a pas du tout envie de refaire ses boîtes…

Mon frigo motivateur

Bien souvent, la porte du frigo est l'endroit où s'accumulent sous les aimants la liste d'épicerie, l'horaire des enfants et autres petits bouts de papier qu'il faut *absolument* garder sous les yeux, comme autant de sources de stress qui nous rappellent sournoisement les tâches qu'il reste à faire, mélangés aux jolis dessins des mousses. Je me demande pourquoi on n'utilise pas plutôt cet espace à des fins thérapeutiques.

On peut le garnir :

- de citations inspirantes, par exemple : « À quoi bon soulever des montagnes quand il est si simple de passer par-dessus ? » (Boris Vian) ou « J'ai décidé d'être heureux parce que c'est bon pour la santé » (Voltaire), etc. ;

✸ de mots d'enfants, par exemple : « Est-ce qu'on prend le pont "Shampoing », maman ? " (Quand on a fini de lire et de relire ces perles d'enfants qui nous font sourire, on les range dans une boîte de souvenirs, pour ne pas les oublier, en prenant soin d'inscrire qui les a prononcées et à quel âge) ;

✰ de photos des enfants à différentes étapes de leur vie, de mots d'amour, de cartes postales achetées en voyage…

Malheureusement, les frigos en inox ne permettent pas qu'on y appose des aimants. Une de mes amies a volontairement acheté un frigo blanc pour avoir le bonheur d'y afficher ce qu'elle voulait, dont le précieux calendrier des mamans. « Plus efficace que l'agenda sur mon iPhone, dit-elle, parce que même le papa peut voir d'un coup où on s'en va le matin ! » Pas bête !

Chez moi, c'est le côté de l'armoire qui sert de tableau d'affichage. J'ai aussi découvert que la porte d'entrée est aimantée ! Je m'en donne à cœur joie ! Sans blague, je crois que le parent d'une famille occupée n'a pas le choix de sacrifier une partie du décor propret de sa cuisine pour garder le fil des activités et ne pas perdre la tête !

Ma maison,
le cœur de ma vie

Ma maison représente beaucoup plus que quatre murs et un toit : c'est un lieu de vie, d'émotions, de sentiments et de ressourcement. Même si, parfois, j'y passe en coup de vent entre un tournage et une sortie au resto, généralement, quand je rentre chez moi, c'est pour m'imprégner des lieux, de l'ambiance.

Quand on a choisi notre maison, il y a 10 ans, j'ai été séduite par son architecture traditionnelle et l'organisation des pièces. Vous savez peut-être que j'aime la déco champêtre chic, où les boiseries blanches et la porcelaine fine voisinent avec des couleurs douces et des roses romantiques. J'ai trouvé mon style il y a plusieurs années et, en dépit des tendances mouvantes, je ne m'en lasse pas. Oui, je change la couleur des murs de temps à autre, mais je conserve le même style pour que les objets acquis au fil des ans trouvent toujours leur place. Je suis totalement et parfaitement heureuse dans mon petit cocon, à mon goût à moi. Dans mon condo en Floride, c'est le style nautique d'inspiration côte Est qui prédomine, avec son bois cérusé et ses couleurs sablées. Que de la douceur…

L'amoureuse de décoration en moi a un plaisir fou à enjoliver les pièces. Souvent, ça ne prend pas grand-chose, ni un gros budget, pour donner du « oumf » à son décor. Quand une folie de magasinage me prend, c'est rarement pour des chaussures ou des vêtements ; je craque plutôt pour de nouveaux accessoires déco. Je dois me parler pour ne pas acheter tout ce que j'aime… Si mon budget est restreint, je joue à changer mes accessoires de pièce, à en ranger quelques-uns pour laisser la place à d'autres.

Surtout, ne jetez rien !
Si des objets déco ne vous plaisent
plus, proposez-les à d'autres.
Cette attitude rejoint le
mouvement écolo, qui valorise
les dons et le recyclage.

Mes cœups de cœur déco

♥ **Les bougeoirs** Peu importe qu'ils soient dépareillés, il suffit de les regrouper pour créer une composition intéressante. Ce sont les flammes qui sont le point focal et qui font oublier que je mélange des bougeoirs modernes avec d'autres à pampilles, en bois ou en étain, etc. On les change au fil des saisons, en variant la couleur des bougies (noires, orangées, ocre et cannelle pour l'Halloween ; rouges et dorées pour Noël, etc.).

♥ **Les lanternes** Elles sont très présentes dans le style champêtre que j'affectionne tant, bien qu'on en retrouve tout autant dans le style urbain industriel. Je les dépose sur les meubles, directement au sol ou je les pends au plafond, dans un coin de la pièce. J'en ai même placé une dans ma salle d'eau. Je l'allume les soirs où je reçois de la visite. Ainsi, il y a toujours de l'éclairage sans qu'on ait besoin d'allumer le plafonnier, qui produit une lumière éblouissante.

♥ **Les lampions** Toujours dans le monde de l'ambiance, quand des amis sont à la maison, j'aime allumer des lampions ou une petite lampe dans chaque pièce. Je favorise les ampoules au wattage bas : l'effet est plus feutré. Je suis très sensible aux éclairages trop vifs et trop crus. Il m'arrive même, par réflexe, de baisser les lumières quand je vais chez des amis !

♥ **Les coussins** Ah ! On dirait que je n'en ai jamais assez ! Je les adore ! Sur mon lit, j'en dispose jusqu'à quatre rangées : quelle belle façon d'agrémenter le décor ! Encore là, je garde les formes et je change certaines housses, pour en sortir avec des motifs de saison, comme une citrouille, un flocon doré. Comme j'aime en mettre beaucoup sur les lits, je m'assure d'avoir une place pour les déposer le soir venu, comme une banquette, une chaise ou un panier. Pas question de laisser mes beaux coussins par terre !

Les sens en éveil

J'accorde beaucoup de temps et d'amour à mon chez-moi : je m'y sens bien. Le plus beau compliment qu'on puisse me faire est d'ailleurs : « On se sent bien chez toi, Saskia ! » Ça, ça me fait plaisir. Surtout que recevoir mes amis est un bonheur. Voici ce qui, selon moi, rend ma maison accueillante :

Les fenêtres grandes ouvertes Pour l'ambiance, il n'y a rien de tel que la lumière naturelle. Quand le soleil se pointe, j'ouvre les rideaux au maximum pour laisser ses rayons entrer dans la maison. Je le fais aussi en hiver : ils contribuent à chauffer la maison. Si la température le permet, j'ouvre les fenêtres : rien de mieux pour aérer et chasser les odeurs de popote ! Parfois, j'ouvre même les portes pour créer un fort courant d'air. Même l'hiver, j'aime entrouvrir les fenêtres : j'ai l'impression de chasser les microbes, et l'air sec de l'extérieur se réchauffe mieux que l'air humide de l'intérieur. En plus, l'air frais qui circule dans une chambre à coucher favorise le sommeil.

Les parfums de ma maison J'ai l'odorat bien développé : j'aime quand ça sent bon… et les parfums trop puissants m'irritent. (Voilà peut-être pourquoi j'aime autant ouvrir les fenêtres !) Je ne suis pas friande d'odeurs prononcées comme la vanille ou la cannelle. Mon nez préfère les odeurs de sapin ou de… pain aux bananes ! Mais bon, je ne peux tout de même pas avoir un sapin de Noël toute l'année ni un pain aux bananes au four tous les jours. Au besoin, j'allume quelques chandelles au parfum discret de « linge frais ».

De la musique en continu La musique fait partie de mon quotidien. J'adore le jazz depuis que je suis toute petite. Voici mes préférés :

- ♥ Ella Fitzgerald (*The Best of Ella Fitzgerald*)
- ♥ Oscar Peterson ou Django Reinhardt (tout, tout, tout !)
- ♥ Diana Krall (*The Very Best of Diana Krall*)
- ♥ Arielle Dombasle (*Amor Amor*)
- ♥ Nathalie Albert (*No More Blues*)
- ♥ Susie Arioli (l'ensemble de son œuvre)
- ♥ The Manhattan Transfer, un groupe vocal de jazz léger, dont je possède un disque vinyle (*The Manhattan Transfer*) qui tourne presque sans arrêt à la maison. Quand je suis seule, je chante à tue-tête et j'adoooooore ça !

J'apprécie aussi la musique classique, pour sa douceur, pour calmer les enfants ou pour m'aider à me détendre à l'heure du coucher… mais je reste avant tout une grande nostalgique des années 80 ! Rien de mieux qu'un bon succès de Michael Jackson, Billy Joel, Madonna ou ABBA pour mettre de l'entrain dans la maison! Et pour faire lever le *party* de famille à Noël, c'est l'incontournable Jive Bunny and the Mastermixers. *Come on, everybody, clap your hands!*

Rétro, tout ça? Depuis que je suis à Rythme FM le matin, je suis un peu plus tendance dans mes choix musicaux. Sans compter que les enfants ont leurs propres préférences, que je découvre avec joie: Meghan Trainor, Bruno Mars, Maroon Five, Ariana Grande, Katy Perry, Loco Locass, OMI…

Finalement, la musique, chez nous, c'est comme un membre de la famille. J'en mets souvent sur laquelle on peut danser après le souper: on s'amuse… et on digère! Et quand je suis seule dans mon auto, je laisse aller la Castafiore en moi. Ah! C'est tellement thérapeutique!

*Mon obsession pour
les chandelles*

De la lecture...

Bien installée sur mon canapé moelleux, les pieds enroulés dans un jeté, la tête calée dans un coussin, je prends un livre et… je m'endors.

J'ai déjà été une grande lectrice, mais force m'est d'admettre qu'avec les enfants et mon nouveau rythme de vie, la lecture de romans et d'essais a été reléguée au second plan de mes activités quotidiennes. Je ne suis pas la seule, n'est-ce pas? Chrystine Brouillet, Marc Levy et Ken Follett ont déjà été de grands compagnons de mes nuits d'insomnie ou de mes dimanches après-midi.

Je me procure souvent des nouveautés : j'aime l'odeur des livres neufs fraîchement imprimés. Je les ouvre, je les hume, je lis quelques passages, et je me promets que j'y reviendrai. C'est un vrai bonheur que de se laisser emporter par une histoire, de faire un voyage à chaque page. Quand j'observe mes enfants captivés par un livre, le visage changeant au gré des péripéties des personnages, je les trouve beaux.

En attendant de trouver le temps de lire à mon goût, je lis des magazines et je regarde des images : je suis une consommatrice compulsive de magazines de déco, et je consulte fréquemment Pinterest, une mine d'or intarissable de trouvailles et d'inspiration. Aïe, ce n'est pas bon pour mon budget… mais il n'y a pas de mal à rêver, non ?

Conseils déco de Ginette

J'ai connu Ginette Dagenais sur le plateau de *Décore ta vie*. Ou plutôt *les* plateaux, car je ne sais plus combien de décors on a transformés ensemble! Au fil du temps, Ginette est devenue une amie: c'est elle qui m'a aidée à créer le décor de ma maison. Vous l'avez aussi vue dans *Comment rénover... sans trop se chicaner!*, où elle a signé la décoration de notre condo en Floride. Ginette est une source iné-puisable de bonnes idées d'aménagement. Elle sait déjouer toutes les contraintes d'espace, de faisabilité et de budget. Quand je lui ai demandé de me livrer quelques-uns de ses meilleurs trucs pour vous aider à aménager votre nid, elle n'a pas hésité et, avec toute sa générosité, elle a ouvert son tiroir à malice.

Ma complice, Ginette Dagenais

Conseils d'amie
par **Ginette Dagenais**, designer

Voici quelques trucs simples
et efficaces pour vous aider à réaliser
vos projets de décoration:

1. Montez un dossier coups de cœur

Pour bien connaître votre style, vos goûts et vos préférences, sortez vos ciseaux et amassez des coupures
de revues, de journaux et même de dépliants publici-
taires qui représentent ce qui vous attire. Les beaux
livres regorgent aussi d'images inspirantes (mais je
ne vous conseille pas d'y mettre les ciseaux!). Gardez l'œil ouvert: il peut parfois s'agir d'un détail. Ne
vous limitez pas aux images de décoration: parfois,
l'inspiration peut venir d'une photo de paysage, ou
de mode. En accumulant ces idées, vous pourrez
constater la répétition d'éléments similaires et com-
plémentaires. Ces éléments vous indiqueront la ligne
à suivre pour créer votre concept.

Avec l'analyse de ce que vous aimez, vous finirez
également par éliminer ce qui ne vous plaît pas suffisamment et garderez uniquement les images qui
vous ressemblent, qui dégagent l'atmosphère et le
style que vous recherchez.

o o o

○ ● ◐

Gardez vos images, coupures et échantillons (de couleurs, tissus, morceaux de tapis, céramique, bois) dans une chemise refermable.

2. Intégrez toujours un élément classique au décor

Les modes passent ; le style classique reste ! J'ai légèrement adapté cette citation de Coco Chanel, mais il est vrai qu'un élément classique dans le décor passera bien à travers les changements de tendances. Par exemple, la pose en chevrons, qu'il s'agisse de lattes de parquet ou de céramique de dosseret, vit très bien avec les styles contemporain, traditionnel, urbain ou rustique. Il en va de même avec :
• une toile d'artiste ;
• de la vaisselle blanche ;
• un comptoir en marbre ;
• un vase pour fleurs fraîches.

3. Sachez choisir la bonne couleur

Je vous suggère de toujours rapporter vos échantillons, les petits cartons de couleurs, à la maison avant d'acheter votre peinture.

Certains détaillants offrent un présentoir avec une lampe permettant de bien distinguer la couleur, mais je vous conseille de prendre plus d'un carton de la même teinte, de la découper au besoin et de

○ ● ◐

○ ○ ◖

coller l'échantillon sur les différents murs de la pièce à peindre. Ainsi, vous saurez à quoi ressemblera la couleur sur un mur généreusement éclairé de lumière naturelle, sur un mur exposé à la lumière artificielle, dans les recoins sombres, etc.

Prenez le temps d'observer comment réagit votre couleur pendant les différentes périodes de la journée et de la soirée. C'est ainsi que vous découvrirez, par exemple, que ce joli gris fumée ressemble à du mauve en plein soleil, ou à du kaki lorsqu'il éclairé par les lampes de table…

Au fur et à mesure que la lumière changera, votre couleur s'adaptera et vous saurez si elle constitue le meilleur choix pour votre décor ou s'il faudra diminuer ou augmenter son intensité. Vous pourrez par la suite aller chercher vos pots de peinture en toute tranquillité.

Certains détaillants offrent aussi la possibilité d'acheter un choix de couleur de peinture en format d'essai.

4. Osez défaire les kits!

Un ensemble parfait est un ensemble créé par vous. Même si au départ vous craquez pour une literie en sac (qui comprend généralement une douillette, des cache-oreillers, une jupe de lit et un ou deux

○ ○ ◖

ooo

coussins), je vous suggère de remplacer les coussins par de belles trouvailles non prévues dans votre ensemble. C'est ainsi que vous obtiendrez un résultat personnalisé. Vous pouvez aussi changer la jupe de lit en vous procurant du tissu complémentaire acheté au mètre dans un magasin spécialisé.

Il en va de même pour le mobilier : vous pouvez briser la monotonie d'un ensemble de salle à manger en changeant deux chaises sur six, ou d'un ensemble de chambre à coucher en remplaçant les tables de chevet prévues par des trouvailles de votre cru. Laissez place aux coups de cœur dans votre décor.

5. Déplacez les accessoires d'une pièce à l'autre !

Rien de plus simple, pour modifier l'ambiance d'une pièce sans dépenser, que de déplacer les cadres et les lampes. C'est aussi vrai pour les petits meubles comme les consoles et les chaises d'appoint. Amusez-vous à magasiner dans votre propre maison : vous pourriez être surprise de découvrir que le cadre au-dessus du canapé va très bien dans votre chambre, que la console de l'entrée peut remplacer le buffet de la salle à manger pour quelque temps (et vice versa), que les lampes de chevet sont très jolies sur les tables du salon, où elles procurent une ambiance très douce, etc.

229

Le plaisir de recevoir

J'adore recevoir à la maison. Pas une semaine ne se passe où il n'y a pas de la visite à ma table : ce peut être pour un café improvisé, un lunch amical, un souper détendu ou une soirée quatre étoiles. Je suis folle des décors de table : même s'il s'agit d'un déjeuner de travail, je sors mes beaux verres à café, une corbeille pour les viennoiseries (oui, des viennoiseries : je raffole des pâtisseries au beurre... de temps en temps !) et, si j'ai un bouquet de fleurs fraîches, je m'assure de le placer à la vue de tous.

Cela dit, je suis loin d'être une Martha.

Toutefois, on en a toutes une dans son cercle d'amies : le genre de fille à faire des biscuits glacés impeccables selon les fêtes du calendrier et à avoir du linge de table de toutes les couleurs adapté au thème de sa réception ; celle qui est une virtuose de la *playlist* pour créer *la* bonne ambiance et qui maîtrise les accords mets et vins à la perfection.

Ma Martha :
Marie-Anick Le Bon

La mienne, de Martha, elle s'appelle Marie-Anick Le Bon. On est amies depuis longtemps. Je vous refile ici ses trucs pour organiser une réception parfaitement réussie (soyez sans crainte : elle les partage généreusement !).

 Convier quelqu'un, c'est se charger de son bonheur pendant tout le temps qu'il est sous votre toit.

– Jean Anthelme Brillat-Savarin

Brillat-Savarin était d'un autre temps (il est mort à Paris en 1826), mais son conseil vaut toujours aujourd'hui : quand on invite des gens à la maison, on veut qu'ils y passent du bon temps !

Les 3 clés d'une réception réussie

Vos invités passeront une bonne soirée :

- ✬ si vous leur faites un bel accueil (même s'ils sont en retard !) ;
- ✦ s'ils sentent que vous avez préparé leur venue ;
- ✬ s'ils sentent que vous êtes sincèrement contente qu'ils soient là.

Conseils d'amie
par **Marie-Anick Le Bon**

Faire un calendrier des tâches

Vous vous lancez dans une réception avec un grand R ? Ne réservez pas la préparation entière du repas au jour même : tâchez de prendre un peu d'avance pour faire baisser votre stress. Par exemple, le potage peut être fait la veille ; il suffira de le réchauffer avant de le servir. La viande peut aussi être marinée la veille ; elle n'en sera que meilleure. L'objectif est d'en avoir le moins possible à faire à la dernière minute, afin de passer le maximum de temps avec vos invités.

Préparer sa table

Sans tomber dans le plan de table rigide, il est bon de penser à assigner une place à chaque invité. Au besoin, utilisez des marque-places. Si la soirée est décontractée, mettez les enfants à contribution ; sinon, fouillez dans Internet pour des idées créatives et chics. Pas besoin de payer cher : les magasins à un dollar sont pleins d'articles qui font très bien l'affaire!

Du côté du dressage de la table, prévoyez une serviette de table par personne (et non une pile au milieu). Si vous allumez des chandelles, assurez-vous qu'elles soient non parfumées et d'assez bonne qualité, pour éviter qu'elles dégagent une odeur de cire.

o o o

o o o

Enfin, ne mettez pas 50 ustensiles sur la table : que ceux pour les premier et deuxième services. Ajoutez les autres au fur et à mesure du repas. Au moment de servir le dessert, enlevez tout ce qui est encore sur la table qui ne servira plus : salière et poivrière, corbeille à pain, beurrier, condiments, etc.

Mettre de la musique en sourdine

Aspect souvent négligé, la musique donne pourtant le ton à une soirée. Il est aujourd'hui facile, avec les listes de musique existantes (sur iMusic, Songza et autres), de créer l'ambiance appropriée. Il suffit de choisir la liste en fonction de l'ambiance souhaitée. Celle-ci peut d'ailleurs évoluer au rythme de la soirée.

S'assurer du bon déroulement de la soirée

Apéro et canapés : N'attendez pas l'arrivée de tous les invités pour offrir à boire. Soit on a prévu quelque chose de spécial pour l'apéro, et c'est ce qu'on offre, soit on donne le choix à l'invité.

Prévoyez quelque chose à grignoter pendant l'apéro, au moins un plat de noix, des olives, des cornichons ou autres. Les bouchées chaudes ou froides font bonne figure, mais attention à celles qui perdent tout intérêt en refroidissant, ou aux crèmes et mousses qui « tombent » à température ambiante. Comptez quatre ou cinq bouchées par personne.

o o o

o o o

Repas : À moins d'un retard exceptionnel de l'un des invités, attendez que tout le monde soit arrivé pour inviter vos convives à passer à table.

Une fois le repas terminé, offrez un digestif, et finalement un café ou un thé.

Il est indispensable de servir de l'eau fraîche (plate ou gazéifiée) tout au long du repas.

Vins : N'hésitez pas à demander conseil à la SAQ pour choisir des vins qui s'harmonisent aux plats cuisinés. Les quantités de vin à prévoir sont difficiles à évaluer, mais on calcule généralement au moins une demi-bouteille par convive, ou un verre de vin par service.

Et si, comme moi, vous aimez les carnets, réservez-en un pour consigner les détails de vos réceptions : date, menu, vins, invités, musique, etc. De cette façon, vous éviterez de servir deux fois la même chose, ou vous pourrez retrouver facilement un vin particulièrement apprécié. Un fichier Word fait aussi l'affaire : vous pourrez y mettre en prime une photo de votre table ou de vos dernières créations culinaires !

Sur ce, bonne réception !

Mes bons petits plats

Un de mes grands plaisirs est de manger. Je suis une gourmande assumée ! Non seulement j'aime manger, mais je prends beaucoup de plaisir à cuisiner un bon repas… même si c'est souvent pour de petites bêtes ingrates autour de la table qui ne savent pas apprécier un bon rôti de palette ou une énième variation sur le thème du poulet ! À ma grande consolation, j'ai un jour croisé Ricardo dans un événement et il m'a confié que même ses filles étaient parfois blasées des plats qu'il leur préparait. Maintenant, quand j'entends « Ah non ! Pas encore du poisson, on veut des pâââtes ! », je fais la sourde oreille.

Mais pour vous, les « cuisinières du dimanche » toujours à la recherche d'un nouveau plat pour réinventer le menu, j'ai pensé regrouper mes recettes favorites. N'hésitez pas à les partager avec vos amies : c'est de cette façon que je les ai obtenues !

Les repas en famille

Poulet barbecue de Jean-François

Si ce livre fait la part belle aux interventions et apports de mes amies, je me devais aussi d'inviter Jean-François Plante dans ces pages gourmandes, avec qui j'ai eu le bonheur d'animer *C'est Extra*, à V, pendant deux ans. L'émission était un magazine d'art de vivre présenté en direct tous les matins, dans lequel on abordait tous les sujets, et où on faisait bien sûr de la popote. Je salive juste à repenser aux merveilleuses recettes de Jean-François, et je ris en me rappelant nos nombreux fous rires en direct! Maintenant, quand je m'ennuie de lui, je passe le voir à son bistro, L'Aromate, sur De Maisonneuve, au centre-ville de Montréal.

Jean-François a eu la générosité de m'offrir deux de ses recettes que j'aime particulièrement (l'autre est dans la section « Desserts », un peu plus loin)… mais je vous invite fortement à vous procurer ses livres de recettes. Vous ne serez pas déçue, parole de Saskia!

. . . .

Ingrédients
- 1 poulet entier de 2 à 3 lb (1 à 1,3 kg)
- 3 c. à soupe de ketchup
- 2 c. à soupe d'huile végétale

○ ○ ○

○ ○ ○

- 1 c. à soupe de sel d'ail
- 1 c. à soupe de sauce soya
- 1 c. à soupe de paprika
- Quelques gouttes de tabasco
- ½ c. à thé de poivre de Cayenne
- 1 c. à soupe de beurre manié (mélange de beurre et de farine en parts égales)

. . . .

Préchauffer le four à 350 °F. Rincer le poulet à l'eau froide, l'assécher et le réserver.

Fouetter ensemble le ketchup, l'huile, le sel d'ail, la sauce soya, le paprika, le tabasco et le poivre de Cayenne. Badigeonner généreusement le poulet de ce mélange et réserver le reste pour la sauce. Déposer le poulet dans un plat allant au four et cuire 1 heure. À mi-cuisson, mouiller le fond du plat avec le bouillon. (Pour ma part, j'ai cuit mon poulet sur un support que j'ai mis dans un plat allant au four avec un fond d'eau.)

Après la cuisson, filtrer le jus de cuisson et le verser dans une petite casserole à fond épais. Ajouter le reste du mélange de ketchup réservé et le beurre manié. Fouetter un peu, porter à ébullition et laisser réduire et épaissir légèrement de 5 à 10 minutes à feu moyen. Pendant que la sauce mijote, mettre au besoin votre poulet sous le gril pour qu'il soit doré et croustillant.

filet de porc grand luxe de Marie-Anick

Le filet de porc se prête à toutes les fantaisies : c'est l'une de mes coupes de viande préférées. Couper le filet sur la longueur de manière à l'ouvrir en deux et le garnir de fromage de chèvre, de minces tranches de poire et de noix de pin grillées. Refermer, envelopper de tranches de pancetta et ficeler. Cuire à 375 °F pendant environ 30 minutes.

Potage aux carottes et à la coriandre fraîche de Karine

Karine Lydia Bergeron, avec qui je suis amie depuis 25 ans, tient le blogue *Aventures Beach Bum Tribe*. Karine et moi, on partage l'amour des plages et des océans. Elle m'a donné l'autorisation de reproduire quelques-unes de ses recettes, qui font partie de mes délices.

. . . .

Ingrédients

- 1 oignon, haché
- 2 gousses d'ail, hachées
- 1 c. à thé d'huile d'olive

o o o

o o o

- 8 grosses carottes, coupées en morceaux
- 1 grosse pomme de terre, pelée
  et coupée en morceaux
- 8 tasses de bouillon de poulet maison
  ou du commerce à teneur réduite en sel
- 1 c. à thé de graines de cumin ou
  de cumin en poudre
- ½ c. à thé de coriandre séchée
- ½ tasse de coriandre fraîche, hachée
- ½ c. à thé de gingembre frais, râpé
- Sel et poivre, au goût

. . . .

1. Dans une grande casserole, faire sauter l'oignon et l'ail dans l'huile d'olive à feu doux pendant 5 minutes. Ajouter les carottes et les pommes de terre. Poursuivre la cuisson pendant 5 minutes.

2. Ajouter le bouillon de poulet, le cumin, la coriandre, la moitié des feuilles de coriandre fraîche et le gingembre, saler et poivrer, puis porter à ébullition et réduire le feu afin de laisser mijoter 20 minutes. Une fois le potage prêt, réduire en purée à l'aide d'un mélangeur.

3. Pour servir, mélanger le reste de la coriandre fraîche à du yogourt grec nature et mettre une cuillère à soupe sur le potage. Très bon accompagné de naan (pain indien) grillé !

Pétoncles sauce à la crème de Karine

Ingrédients (pour 4 personnes)

- 12 pétoncles moyens, épongés
- 3 oignons verts, hachés finement
- 1 échalote grise, hachée finement
- 1 ½ tasse de petits pois verts surgelés
- ½ tasse de crème de soya ou de crème fraîche 35 %
- 1 c. à soupe de beurre ou de margarine
- 2 c. à soupe d'huile d'olive
- Sel de mer et poivre du moulin, au goût

· ·

Comment préparer ce plat en entrée ou en plat principal

1. Dans une grande poêle, faire suer les oignons verts et l'échalote dans le beurre, puis ajouter les petits pois, la crème, un peu de sel et de poivre. Porter à toute petite ébullition et laisser mijoter autour de 2 minutes, ou jusqu'à ce que les petits pois soient chauds et bien verts !

2. Dans une autre poêle, à feu vif, bien dorer un côté des pétoncles dans l'huile. Les retourner et les cuire jusqu'à ce qu'ils soient cuits au goût. Saler et poivrer.

○ ○ ○

Version entrée : jus de citron jaune et son zeste

Verser la sauce à la crème et les petits pois dans quatre assiettes et déposer un gros pétoncle dans chacune. Arroser de jus de citron et garnir de zeste de citron.

Version plat principal : avec du riz ou de l'orzo

J'aime servir mes pétoncles sur un lit de riz basmati ou encore d'orzo au beurre au citron. Ajouter les pétoncles à la sauce aux petits pois et à la crème, verser sur le lit de riz ou d'orzo et garnir de zeste de citron !

Asperges du dimanche de Marie-Anick

Ces légumes printaniers mettent du chic dans l'assiette et sont moins longs à préparer que des haricots. Sur une plaque à pâtisserie tapissée de papier sulfurisé, disposer des asperges parées (lavées et coupées) en évitant qu'elles se chevauchent. Arroser d'huile d'olive, saler, poivrer et passer sous le gril pendant 5 minutes. Au goût, garnir de graines de sésame grillées ou de zeste de citron.

Risotto aux champignons et aux petits pois verts de Karine

Ingrédients

- 2 à 3 tasses de champignons frais variés, coupés grossièrement
- ¼ de tasse d'huile d'olive
- 1 gousse d'ail, hachée finement
- ½ tasse d'échalotes françaises ou d'oignons
- ¼ de tasse de beurre ou de margarine
- 1 ½ tasse de riz arborio
- ½ tasse de vin blanc
- 4 à 5 tasses de bouillon de poulet maison ou du commerce, chaud
- ¾ de tasse de parmigiano reggiano ou de parmesan frais, râpé – ou plus si vous adorez !
- 1 tasse de pois verts décongelés à la dernière minute
- 1 c. à soupe d'épices BBQ sans sel
- Sel de mer et poivre du moulin, au goût
- Copeaux de cheddar moyen, de parmigiano reggiano ou de parmesan frais

. . . .

o o o

o o o

Comment préparer ce très bon risotto

Dans une casserole, faire sauter les champignons dans l'huile et y ajouter les épices BBQ. Faire sauter pour qu'ils soient bien dorés et que quelques-uns soient légèrement grillés.

Réserver.

Dans la même casserole, dorer l'ail et les échalotes dans le beurre. Ajouter le riz et cuire 1 minute à feu moyen-élevé, en remuant pour bien enrober.

Déglacer avec le vin et cuire à feu moyen, en brassant jusqu'à ce que le liquide soit presque complètement absorbé. Ajouter le bouillon, environ une grosse louche ou ¾ de tasse à la fois, en remuant très souvent. Remettre du bouillon lorsque la préparation devient plus épaisse. Après environ 20 à 30 minutes, le riz devrait être al dente, avoir absorbé presque tout le liquide et avoir une consistance crémeuse.

Ajouter le fromage, les champignons et les petits pois. Saler au goût. Poivrer et parsemer de copeaux du fromage de votre choix.

Un bon plat végétarien à servir avec une salade verte. Autre option : s'il vous reste du poulet froid, le mettre dans la casserole et bien mélanger avant de servir.

o o o

○ ○ ○

Vous pourriez aussi servir votre risotto en entrée dans de petits verres et l'accompagner d'un plat de fruits de mer – pétoncles ou crevettes avec légumes grillés – ou encore d'une cuisse de canard confite et de salade César maison ! S'il vous en reste, ce risotto est aussi bon réchauffé, et pourquoi ne pas en faire des mini-arancini ?

Mes œufs à l'italienne

L'amoureuse de cocos en moi est folle de cette salade-repas. C'est la recette d'œufs la plus goûteuse que j'aie jamais mangée. Je vous promets que vous ne voudrez pas revenir au traditionnel duo coco-bacon après l'avoir faite.

Dans un four préchauffé à 400 °F, glisser des tranches de prosciutto bien étalées sur une plaque à biscuits recouverte de papier parchemin. La viande sèchera et se transformera en chips. Pendant ce temps, faire cuire un œuf au miroir et le réserver : il est important que le jaune reste coulant. Dans un bol, préparer une salade avec des cœurs de romaine arrosés d'une vinaigrette toute simple : huile d'olive, moutarde forte, une touche de vinaigre balsamique, de l'oignon vert. Déposer l'œuf chaud sur la laitue et émietter les chips de prosciutto dessus. Un vrai délice !

Morue panée aux chips de Saskia

On sait à quel point le poisson est bon pour la santé, mais on sait aussi que les enfants n'en sont pas toujours friands. J'ai pourtant trouvé un truc infaillible. Il s'agit d'un plat que j'ai mangé dans un resto et que j'ai vraiment apprécié. Pour cette recette, j'utilise de la morue, mon poisson préféré.

Couper les filets de morue en tronçons d'environ 1 pouce, sur la largeur. Faire mariner dans un mélange d'huile d'olive, de jus de citron, d'ail et de fines herbes sèches (ciboulette, échalote, persil). J'aime quand la morue marine longtemps, mais 1 heure peut être suffisante.

Égoutter les morceaux de poisson et les passer dans un œuf battu, puis les paner dans un reste de chips barbecue écrasées finement – oui, des chips! Enfourner à 400 °F de 10 à 15 minutes. Servir avec une salade verte et des pâtes à l'ail et au parmesan.

Vous m'en donnerez des nouvelles!

Des desserts cochons

Tarte au sucre revisitée du Bistro L'Aromate

C'est mon dessert chouchou quand je vais au bistro de mon ami Jean-François Plante. Crème et sucre, que demander de plus ?

Préparation 20 min
Réfrigération 1 nuit
Cuisson 40 min
Portions 6 à 8

Ingrédients
- ⅓ de tasse de beurre non salé
- 2 tasses de cassonade
- 2 tasses de crème à cuisson 35 %
- ⅓ de tasse de farine tout usage

Enrobage aux noix
- 1 gros œuf battu sommairement
- 4 c. à soupe de farine
- 1 tasse de noix de Grenoble (ou de pacanes), hachées grossièrement
- 1 tasse de noisettes, hachées grossièrement

1. Dans une casserole à fond épais, faire fondre le beurre à feu doux en évitant qu'il se colore. Ajouter la cassonade et chauffer à feu moyen-vif de 3 à 4 minutes, en mélangeant sans arrêt à

○○○

○ ○ ○

l'aide d'une cuillère de bois, jusqu'à l'obtention d'un caramel doré et onctueux.

2. Dans un bol, mélanger la crème et la farine. Retirer la casserole du feu et verser le contenu du bol en remuant vigoureusement. Remettre la casserole sur le feu et chauffer à feu moyen 5 minutes, en mélangeant avec vigueur, jusqu'à épaississement du mélange.

3. Verser le mélange dans un plat à gratin en verre (ou en aluminium). Laisser tiédir à la température ambiante, puis refroidir au réfrigérateur toute la nuit.

4. Sortir la préparation du réfrigérateur et, à l'aide d'une cuillère à crème glacée, former de belles petites boules d'environ 1 ½ po de diamètre.

5. Porter un bain d'huile à 350 °F.

6. **Préparation de l'enrobage aux noix.** Dans une assiette creuse, mélanger les noix de Grenoble et les noisettes. Réserver. Rouler les boules de sucre à la crème dans la farine. Rouler ensuite dans l'œuf battu et terminer en roulant dans le mélange de noix en les pressant légèrement sous la paume afin de bien faire pénétrer les noix, mais en évitant qu'elles se déforment.

7. Plonger les boules dans l'huile chaude, 3 ou 4 à la fois, et frire de 3 à 5 minutes, ou jusqu'à ce que la croûte de noix se colore. Répéter jusqu'à ce que toutes les boules soient frites. Servir 3 boules par convive, en les accompagnant d'une chantilly.

Gâteau Reine-Élisabeth de la tante de mon amie Séda

Cette recette, qui vient de mon amie d'enfance Séda, fait partie de mes classiques. C'est un dessert extra-ordinaire, et j'aime me faire croire que, comme il contient des dattes, qui sont naturellement sucrées, je peux couper dans le sucre raffiné et en faire un dessert presque santé! Personnellement, puisque j'ai la digestion fragile, j'emploie de la poudre d'amande plutôt que de la farine blanche traditionnelle.

Ingrédients

- 1 tasse de dattes dénoyautées
- 1 tasse d'eau bouillante
- ¼ de tasse de beurre
- 1 tasse de sucre (ou moins. Il m'arrive aussi d'utiliser du sucre de noix de coco bio, que je me procure chez… HomeSense! On y trouve de bons aliments bio à petit prix près des comptoirs-caisses!)
- 1 œuf
- 1 c. à thé de vanille
- 1 ½ tasse de farine
- 1 c. à thé de poudre à pâte
- 1 c. à thé de bicarbonate de soude

∘ ∘ ∘

o o o

1. Dans une casserole, faire bouillir l'eau et les dattes jusqu'à l'obtention d'une texture de confiture. Laisser tiédir.

2. Dans un bol, crémer le beurre. Incorporer le sucre, l'œuf et la vanille.

3. Ajouter les dattes tièdes et bien mélanger.

4. Mélanger la farine, la poudre à pâte et le bicarbonate de soude et intégrer à l'autre mélange. Brasser le tout.

5. Beurrer le moule (9 x 9 x 2 po). Cuire à 350 °F de 30 à 40 minutes.

Glaçage

NOTE:
Si ce gâteau doit vous remonter le moral pour une raison ou une autre, doublez la quantité de glaçage...

- 3 c. à soupe de beurre
- 6 c. à soupe de crème 10 %
- 5 c. à soupe de cassonade
- ¾ de tasse de noix de coco râpée (Comme j'adore la noix de coco, j'en double la quantité.)

1. Mettre tous les ingrédients sauf la noix de coco dans une casserole, et faire cuire à feu moyen pendant 1 minute. Ajouter la noix de coco râpée. Réserver.

2. Lorsque le gâteau est cuit, y étendre le glaçage et passer sous le gril pendant quelques minutes, le temps de faire brunir légèrement.

Notes

Conclusion

Vous arrive-t-il d'éprouver de la difficulté à mettre des mots sur vos émotions ? C'est ce que je vis là, maintenant, en écrivant les dernières pages de ce livre… de mon livre. Me voilà toute chamboulée, mais aussi habitée par un sentiment de grande fierté : j'ai réussi ! Bravooooooo ! Je suis heureuse et vidée en même temps. J'ai porté ce projet à bout de bras pendant de longs mois, je l'ai façonné, j'ai écrit, corrigé, réécrit… je me suis questionnée, j'ai douté, je me suis remise en question et, maintenant, il n'y a plus de retour en arrière possible : mon livre sera tel qu'il est ; dès aujourd'hui, il vole de ses propres ailes.

La rédaction a été une expérience extraordinaire. Il y a quelques mois, quand j'ai lancé cette idée d'écrire un livre, une petite voix intérieure me disait : « Vraiment, Saskia ? Tu te lances dans ce projet ? » Ouiiiiiiiiiii, et oui (avec mon ton de fille décidée) ! J'en ai envie et j'y arriverai ! Bon !

Après tout, ce désir est en moi depuis tant d'années. Je me sentais prête, et je tenais à aller au bout de cette aventure, malgré les obstacles et les changements dans ma vie ; c'est un défi que je voulais relever. Ma vie a changé du tout au tout pendant la création de ce livre. Mais je ne suis pas la seule à traverser

une séparation, des épreuves ou des questionnements. Vous avez certainement vécu vous aussi des
moments plus difficiles. On dit que ça forge qui on
devient. Voilà des mots réconfortants. Je ne connais
pas l'avenir, mais je continue… Je prends de grandes
respirations, je me laisse porter par les petits bon-
heurs du quotidien.

Un jour, j'ai lu un article qui parlait des bienfaits
thérapeutiques d'écrire un journal «personnel»
dans une vie. Une façon d'apprendre à mieux se
connaître. Au fil du temps, de la petite à la grande
fille jusqu'à la femme que je suis, mon journal s'est
transformé en carnet de réflexions, d'échanges, de
questionnements, d'anecdotes. Je souhaite sincèrement que vous vous retrouviez dans ces pages. En
quelque sorte, ce carnet est un hommage à toutes les
femmes, mamans, amies qui jour après jour donnent
le meilleur d'elles-mêmes.

Je n'aurais pu écrire ces mots sans le soutien de
mon entourage que j'aime, d'abord ma maman,
ma merveilleuse maman. Après tout, sans elle, je
n'y serais pas. Mes enfants, mes superbes enfants,
mes racines. Ils me poussent chaque jour à ressentir toute une gamme d'émotions, mais surtout
à grandir. Ils ne se gênent pas pour me dire mes
quatre vérités: pas toujours faciles à entendre, mais
toutes vraies. Le dicton a bien raison: «La vérité

sort de la bouche des enfants»... Merci Pierre-Alexandre pour ces belles années passées ensemble. Même si nous ne sommes plus un couple, tu restes un allié et un papa merveilleux pour nos mousses d'amour. Merci à mes amies, mes fabuleuses amies, mes sœurs...

Me voilà donc à vous dire au revoir. À vous dire merci. Merci de suivre mes aventures. À vous dire: «Allez-y, foncez!» Quoi qu'on vous dise, foncez! Oui, vous le pouvez. Ne laissez personne prétendre le contraire. Je vous fais un énorme câlin.

À la prochaine...

XXX

Références

Voici les coordonnées pour joindre
les professionnelles des Conseils d'amies :

KARINE LYDIA BERGERON

Les Aventures Beach Bum Tribe

www.espace-bbta.com

GINETTE DAGENAIS

Designer

ginettedagenaisdesign@yahoo.ca

MAGALIE LEBRUN

Coach familiale et conférencière

www.magalielebrun.ca

STÉPHANIE LÉONARD

Psychologue

www.drestephanieleonard.com

JULIE PELLETIER

Sexologue

www.cliniquejuliepelletier.com

JOCELYNE ROBERT

Sexologue et auteure

www.jocelynerobert.com

Merci!

Merci aux Éditions Caractère!

Merci à Eva Ringuette, mon éditrice.
Tu as toujours été là pour m'écouter
ou m'encourager. Mille mercis!

Merci, Sophie Aumais, pour ton aide.
Que d'idées j'ai mises en mots grâce à toi!

Merci aux précieuses collaboratrices de ce livre :
Stéphanie Léonard
Julie Pelletier
Magalie Lebrun
Jocelyne Robert
Karine Lydia Bergeron
Marie-Anick Le Bon
Ginette Dagenais

Merci à Benoît Desjardins, photographe,
qui m'accompagne dans tant de projets.

J'en profite pour remercier toutes les belles équipes
de travail que j'ai eu la chance de côtoyer depuis de
nombreuses années. Merci tout particulier à Canal
Vie. Plus de 15 ans à votre antenne, ce n'est pas rien.

À mon agent et ami Francis, merci.
On fait une belle équipe.

Mon complice Jean-François Arel

Stéphanie

Voici la pétillante Céline,
ma productrice et amie qui me
pousse toujours plus loin !

Mon collègue Marc Jutras

256